基于BIM的钢桥正向设计与应用

上册：钢桥工程信息学理论及参数化

主　编　韩大章
副主编　章登精　姚　宇　石少华　华　新
　　　　高　波　丁　磊　樊启武　唐　彪
　　　　丁鸿志

中国建筑工业出版社

图书在版编目（CIP）数据

基于 BIM 的钢桥正向设计与应用. 上册，钢桥工程信息学理论及参数化/韩大章主编. —北京：中国建筑工业出版社，2021.5
ISBN 978-7-112-26038-6

Ⅰ.①基… Ⅱ.①韩… Ⅲ.①钢桥-桥梁设计-计算机辅助设计-应用软件 Ⅳ.①U448.362.5

中国版本图书馆 CIP 数据核字（2021）第 058646 号

本书立足于钢桥 BIM 正向设计以及基于大数据和人工智能桥梁设计，重点介绍了基于 BIM 模型的钢桥正向设计系统，给出了钢桥上部结构、下部结构和附属设施的正向设计的流程、方法和使用 BIM 工具建模方法。

本书分为上下册，上册：钢桥工程信息学理论及参数化；下册：钢桥全生命周期信息化模型。第 1 章和第 2 章介绍了钢桥的特点、设计原则及设计要点和过程，第 3 章至第 8 章结合南京浦仪公路西段上坝夹江大桥工程实例，系统介绍了钢桥设计信息化系统、基于 BIM 的钢桥正向设计以及钢结构加工和施工架设过程中的 BIM 应用，以便为钢结构桥梁设计、建设及 BIM 应用提供参考和借鉴。

责任编辑：于　莉
责任校对：张惠雯

基于 BIM 的钢桥正向设计与应用
主　编　韩大章
*
中国建筑工业出版社出版、发行（北京海淀三里河路 9 号）
各地新华书店、建筑书店经销
霸州市顺浩图文科技发展有限公司制版
廊坊市海涛印刷有限公司印刷
*
开本：787 毫米×1092 毫米　1/16　印张：28¼　字数：578 千字
2021 年 4 月第一版　　2021 年 4 月第一次印刷
定价：118.00 元（上、下册）
ISBN 978-7-112-26038-6
（37619）

版权所有　翻印必究
如有印装质量问题，可寄本社图书出版中心退换
（邮政编码 100037）

前言
PREFACE

随着 19 世纪中后期炼钢技术的改进，钢材性能大幅度提高，1878 年出现了世界第一座全钢桥。20 世纪，尤其随着第二次世界大战后基础设施的建设恢复，钢结构桥梁迎来了快速发展期。钢材具有强度高、材质均匀、韧性良好等优点，因此钢桥跨越能力大，结构性能优越，便于运输及快速安装，适合于工业化建造。近三十年来，随着我国国力的增强、经济的发展和科技的进步以及钢产量的增加，我国钢桥建设日新月异，钢桥被广泛应用，国内已建成了数以百计的特大跨径钢结构桥梁，包括千米级跨径的公铁两用斜拉桥和悬索桥。与此同时，钢桥的设计理论及设计方法也取得了长足进步。

建筑信息模型（简称 BIM）以建筑工程项目的各项相关信息数据作为基础，建立起三维模型，通过数字信息仿真模拟建筑物所具有的真实信息，并贯穿于建筑工程的项目立项、规划、设计、预算、建造、结算、审计、运营维护等全生命周期中。我国的 BIM 应用起步较晚，2014 年在设计院的普及率仅为 5%，在施工单位的普及率仅为 6%。到 2015 年 BIM 普及率已经超过 10%，但是建筑信息化程度仍然很低，将 BIM 技术运用于桥梁设计仍处于起步阶段。钢结构通常空间构造复杂，构件众多，传统的二维设计方法图纸表达和理解难度大，且设计过程不容易发现细部构造问题。通过 BIM 技术直接进行钢结构桥梁的参数化设计、建立三维模型，可以更直观高效地解决空间构造表达问题，并自动导出二维图纸，如果模型需要修改，直接通过修改参数即可完成，同时与三维模型关联的二维图纸也会同步修改，保证一致性和准确性。三维模型也通过软件接口对接到计算软件进行结构计算，此外还可以使用 BIM 模型进行工程量统计、钢结构加工、施工模拟等，最后将数据直接导入到运营管养系统，便于桥梁日后的维护，提高桥梁全生命周期的精度及效率。因此 BIM 正向设计技术在钢桥建设领域有着广泛的应用前景。

本书依托南京浦仪公路西段上坝夹江大桥工程（书中简称"本桥"），该项目为 500m 主跨斜拉桥，全钢结构，索塔为独柱曲线型钢塔，主梁为分幅式钢箱梁，采用全 BIM 正向设计，目前主桥已合龙，2020 年底建成通车。本书在第 1 章和第 2 章介绍了钢桥的特点、设计原则及设计要点和过程，第 3 章至第 8 章结合工程实例，系统介绍了钢桥设计信息化系统、基于 BIM 的钢桥正向设计以及钢结构加工和施工架设过程中的 BIM 应用，以便为钢结构桥梁设计、建设及 BIM 应用提供参考和借鉴。

由于水平有限，书中不足和偏颇之处在所难免，恳请读者批评指正，提出宝贵意见。

编 者
2020 年 11 月

目 录
CONTENTS

上册：钢桥工程信息学理论及参数化

第 1 章 概述 ... 001
- 1.1 钢桥的发展及其特点 ... 001
  - 1.1.1 钢桥发展概述 ... 001
  - 1.1.2 最新钢桥建造研究概述 ... 002
  - 1.1.3 钢桥特点简介 ... 003
- 1.2 钢桥类型 ... 004
- 1.3 钢桥设计原则 ... 006
  - 1.3.1 钢桥设计主要依据标准规范 ... 006
  - 1.3.2 钢桥设计基本原则 ... 007
  - 1.3.3 钢桥设计荷载 ... 008
  - 1.3.4 结构设计方法 ... 009
- 1.4 钢材选型 ... 012
  - 1.4.1 桥梁结构用钢 ... 012
  - 1.4.2 型钢的选型 ... 016
- 1.5 钢桥连接构造 ... 018
  - 1.5.1 焊接 ... 018
  - 1.5.2 螺栓连接 ... 020
  - 1.5.3 螺栓连接和焊接并用连接 ... 021
- 1.6 钢桥疲劳设计 ... 021

第 2 章 钢箱梁桥设计要点及过程 ... 022
- 2.1 钢箱梁桥构造及总体设计内容 ... 022
  - 2.1.1 钢箱梁结构形式 ... 022
  - 2.1.2 钢箱梁构造特点 ... 023
  - 2.1.3 钢箱梁桥总体设计工作内容 ... 023
- 2.2 钢箱梁详细设计流程及内容 ... 031
  - 2.2.1 钢箱梁详细结构划分 ... 031

2.2.2　各阶段钢箱梁构件设计与计算要求 …………………… 031
　　2.2.3　加劲肋设计 …………………………………………… 032
　　2.2.4　顶板系统设计 ………………………………………… 037
　　2.2.5　底板系统设计 ………………………………………… 041
　　2.2.6　跨间横隔板系统设计 ………………………………… 042
　　2.2.7　支点横隔板系统设计 ………………………………… 044
　　2.2.8　端封横隔板系统设计 ………………………………… 045
　　2.2.9　腹板系统设计 ………………………………………… 045
　　2.2.10　挑梁系统设计 ………………………………………… 049
2.3　钢箱梁结构设计计算内容 ………………………………………… 050
　　2.3.1　钢箱梁结构体系传力途径 …………………………… 050
　　2.3.2　设计计算流程 ………………………………………… 050
　　2.3.3　第一体系计算 ………………………………………… 051
　　2.3.4　第二体系计算 ………………………………………… 054
　　2.3.5　钢箱梁支点横隔板计算 ……………………………… 055
　　2.3.6　钢箱梁稳定验算 ……………………………………… 055
　　2.3.7　钢箱梁抗倾覆验算 …………………………………… 057
　　2.3.8　钢箱梁疲劳验算 ……………………………………… 057
　　2.3.9　钢箱梁挠度验算及预拱度设计 ……………………… 058
2.4　不同阶段设计出图及工程量统计要求 …………………………… 058
2.5　桥面系设计 ………………………………………………………… 059
　　2.5.1　桥面铺装设计 ………………………………………… 059
　　2.5.2　桥面排水设计 ………………………………………… 064
　　2.5.3　防撞护栏设计 ………………………………………… 064
　　2.5.4　检修道设计 …………………………………………… 065
　　2.5.5　伸缩缝设计 …………………………………………… 065
　　2.5.6　支座设计 ……………………………………………… 067
2.6　钢桥防腐设计 ……………………………………………………… 068

第3章　工程信息学及钢桥应用 …………………………… **069**

3.1　工程信息学概述 …………………………………………………… 069
3.2　工程设计与制造中的计算机系统综述 …………………………… 069
　　3.2.1　计算机辅助设计（CAD）系统 ……………………… 070
　　3.2.2　计算机辅助工程（CAE）系统 ……………………… 070
　　3.2.3　计算机辅助制造（CAM）系统 ……………………… 071
3.3　信息化技术在钢箱梁中的应用方案 ……………………………… 072

3.3.1 钢箱梁产品特征 …………………………………… 072
   3.3.2 钢箱梁并行和协同工程 ………………………… 074
   3.3.3 钢箱梁工程信息框架 …………………………… 076
   3.3.4 钢箱梁信息建模方法 …………………………… 081
  3.4 钢桥全生命周期工程信息化 ……………………………… 086
   3.4.1 钢箱梁信息模型产品和过程模型数据 ……………… 086
   3.4.2 钢箱梁信息模型的类属特征基本概念 ……………… 132
   3.4.3 钢箱梁信息模型的统一特征模式与共性特征 ……… 135
   3.4.4 钢箱梁CAE系统的特性和互操作性 ………………… 135
   3.4.5 基于特征的钢箱梁产品设计 …………………… 139
   3.4.6 钢箱梁生产工艺的数据表达及建模 ……………… 139
   3.4.7 钢箱梁设计中智能知识获取方法 ………………… 144
  3.5 小结 ………………………………………………………… 147

第4章 钢桥设计信息化系统及参数化 ……………………… 148
  4.1 钢桥设计知识体系概述 …………………………………… 148
  4.2 钢桥信息化系统数据库 …………………………………… 149
  4.3 钢桥全生命周期信息化理论及系统 ……………………… 150
   4.3.1 钢桥设计阶段信息 ……………………………… 150
   4.3.2 钢桥加工制造阶段信息 ………………………… 165
   4.3.3 钢桥架设施工阶段信息 ………………………… 170
   4.3.4 钢桥运维养护管理信息 ………………………… 170
   4.3.5 钢桥全生命周期的信息流转过程 ………………… 170

下册：钢桥全生命周期信息化模型

第5章 基于BIM的钢桥总体正向设计及实现 ……………… 177
  5.1 BIM与BRIM的发展 ……………………………………… 177
  5.2 基于BIM的正向设计概述 ………………………………… 180
   5.2.1 正向设计特点 …………………………………… 180
   5.2.2 正向设计流程 …………………………………… 181
   5.2.3 正向设计面临的问题 …………………………… 196
  5.3 CATIA概述 ………………………………………………… 197
   5.3.1 CATIA与Revit的比较 …………………………… 197
   5.3.2 CATIA知识工程 ………………………………… 199
   5.3.3 CATIA知识重用 ………………………………… 201

5.3.4　CATIA 在桥梁设计上的应用 ·············· 202
5.4　软件环境预设及操作 ························· 204
　　5.4.1　操作环境设置 ························· 204
　　5.4.2　操作界面设置 ························· 206
　　5.4.3　桥梁模型信息输入 ····················· 206
5.5　钢桥 BIM 模型简介 ························· 212
　　5.5.1　模型文件命名规则 ····················· 212
　　5.5.2　构件命名规则 ························· 213
　　5.5.3　桥梁工程模型分类及建模深度 ··········· 213
　　5.5.4　钢桥建模构件分类 ····················· 220
5.6　三维地质建模 ······························· 221
5.7　桥梁设计中心线创建 ························· 229
　　5.7.1　常用函数及字典 ······················· 229
　　5.7.2　创建里程桩号表 ······················· 230
　　5.7.3　创建桥梁平竖曲线 ····················· 231
　　5.7.4　绘制定位点、面 ······················· 234
　　5.7.5　示例代码 ····························· 238

第6章　基于 BIM 的钢桥上部结构正向设计 ·············· 241

6.1　概述 ······································· 241
6.2　桥面铺装信息化建模 ························· 241
　　6.2.1　桥面铺装构成 ························· 241
　　6.2.2　铺装层信息化 ························· 242
6.3　主梁设计信息化过程 ························· 243
　　6.3.1　顶板、腹板和底板信息化内容及流程 ····· 244
　　6.3.2　加劲肋信息化内容及流程 ··············· 248
　　6.3.3　加劲肋信息化建模 ····················· 253
　　6.3.4　横隔板信息化内容及流程 ··············· 261
　　6.3.5　横隔板信息化建模 ····················· 268
　　6.3.6　箱梁装配 ····························· 271
　　6.3.7　梁段装配过程 ························· 273
　　6.3.8　超高加宽梁段建模 ····················· 276
6.4　支座信息化建模 ····························· 278
6.5　伸缩缝信息化建模 ··························· 282
6.6　小结 ······································· 285

第7章 基于BIM的钢桥下部结构正向设计 ······ 288

7.1 塔标准节段信息化建模 ······ 288
7.1.1 索塔横隔板信息化建模 ······ 288
7.1.2 塔身轮廓信息化建模 ······ 291
7.1.3 变截面塔身信息化建模 ······ 293
7.1.4 主塔节段信息化建模 ······ 295
7.1.5 主塔节段预留孔建模 ······ 295
7.2 墩柱信息化建模 ······ 296
7.3 承台信息化建模 ······ 300
7.4 桩基础信息化建模 ······ 302
7.5 护栏信息化建模 ······ 303
7.6 小结 ······ 305

第8章 基于BIM的拉索体系正向设计 ······ 308

8.1 斜拉索设计信息化流程及内容 ······ 308
8.1.1 拉索骨架线建立 ······ 308
8.1.2 拉索信息化建模 ······ 310
8.2 钢锚箱信息化建模 ······ 313
8.3 钢锚梁信息化建模 ······ 317
8.4 基于BIM正向设计的钢锚梁分析 ······ 328
8.4.1 桥塔参数设计概述 ······ 328
8.4.2 钢锚梁参数取值对比分析 ······ 329
8.4.3 钢塔CATIA有限元计算分析 ······ 336
8.4.4 塔上锚固区有限元计算分析 ······ 344
8.5 螺栓信息化建模 ······ 350
8.6 小结 ······ 351

第9章 钢结构加工及施工架设过程的BIM应用 ······ 354

9.1 工程深化设计出图 ······ 354
9.1.1 出图类型及标准 ······ 354
9.1.2 出图软件预设 ······ 356
9.1.3 出图及标注 ······ 367
9.2 工程量统计 ······ 371
9.3 碰撞检查 ······ 374
9.4 钢结构加工BIM应用 ······ 375
9.4.1 简介 ······ 375

  9.4.2 应用优势总结 ·· 376
9.5 数字化预拼装、施工技术 ·· 377
  9.5.1 数字化预拼装技术 ·· 377
  9.5.2 施工过程模拟 ·· 378
  9.5.3 施工监测与控制 ·· 379
9.6 CATIA V6 在深化加工详图中的应用 ·· 381
  9.6.1 基本特点 ·· 381
  9.6.2 出加工图的优势 ·· 381
  9.6.3 施工详图出图流程 ·· 383
  9.6.4 出图系统使用介绍 ·· 388

附录 A　桥梁工程信息分类与编码表 ·· **397**

参考文献 ·· **430**

第 1 章 概 述

1.1 钢桥的发展及其特点

截至 2019 年,我国公路桥梁已超 80 万座,其中以钢筋混凝土桥为主,约占桥梁总数的 85%,圬工桥约占 13%,钢桥占比不足 1%。而在美国 60 万座桥梁中,钢桥占 33%;在日本 13 万座桥梁中,钢桥占 41%。按照日本钢桥用钢在产钢总用量中占 1% 的比例换算,我国桥梁年用钢量应达 700 万 t 以上,目前未达一半。与欧、美、日、韩相比,我国高性能桥梁用钢的研发与生产,在强度、性能和用量上明显滞后,差距较大,但发展迅速,且空间广阔。

1.1.1 钢桥发展概述

钢桥的发展大致经历了以下四个阶段:

第一阶段,19 世纪 40 年代开始出现(锻)铁桥,(锻)铁桥由于设计和材料(易脆)方面存在安全隐患,易引发事故。随着 19 世纪中叶转炉和平炉炼钢技术的出现,使钢材性能得到改善,钢桥因此发展较快,并于 1878 年出现了世界第一座全钢桥。

第二阶段,第二次世界大战前,钢材强度进一步提高,钢桥的设计和施工方法也已成熟,由汽车工业发展带来交通需求的增长,促进了大量公路钢桥的建设,其中具有代表性的是 1931 年建成的美国贝永桥(跨径 504m,拱桥)、1932 年建成的澳大利亚悉尼桥(跨径 503m,拱桥)以及 1937 年建成的美国金门大桥(跨径 1280m,悬索桥),这些桥至今都仍在运营中。

第三阶段,随着第二次世界大战后基础设施的建设恢复,桥梁迎来了快速发展期。德国开始大量采用正交异性钢桥面,推动了钢箱梁的应用和截面形式的革新,其中具有代表性的有 1966 年建成的英国塞文桥(跨径 987.55m,扁平箱悬索桥)、1981 年建成的英国恒比尔桥(跨径 1410m,扁平钢箱悬索桥)。

第四阶段,20 世纪末至今,随着亚洲经济的发展,桥梁又进入一个发展高峰期,其中日本修建的本州四国联络桥由多座大桥组成,其中仅悬索桥就有 11 座,1998 年建成的日本明石海峡大桥主跨达 1991m(悬索桥),1999 年建成的日本多多罗桥是一座跨径为890m的混合梁斜拉桥,两者均保持着当时世界上已建同类桥梁的最大跨径记录。

随着国力的增强、经济的发展和科技的进步,我国桥梁事业和工程技术不断地进步:1957年第一座长江大桥——武汉长江大桥建成,该桥为3×128m的连续钢桁架桥;1969年我国自主设计、施工建造了南京长江大桥,除北岸第一孔为128m的简支钢桁梁外,其余三联为3×160m的连续钢桁架桥,南京长江大桥的建成标志着我国建桥事业达到世界先进水平。

近三十年来,随着钢产量的增加,我国钢桥建设日新月异。2003年建成的上海卢浦大桥,跨径达到550m,为当时世界第一。之后,众多大跨径拱桥在我国大量修建,如跨越珠江的广州新光大桥(主跨为428m)、重庆菜园坝长江大桥(主跨为420m),其中重庆朝天门长江大桥(主跨为552m)是世界上最大跨径的钢拱桥。除了上述的梁桥和拱桥外,大跨径缆索支承桥梁——斜拉桥与悬索桥在1991年自主建成的上海南浦大桥的鼓舞下,也迎来了大规模建设的高潮,建成了数以百计的特大跨径桥梁,较为著名的钢桥如表1-1所示。

中国已建成著名钢桥　　　　　　　表1-1

桥名	结构类型	最大主跨	建成时间	特点
西陵长江大桥	悬索桥	900m	1996年	我国第一座钢箱梁悬索桥
香港青马大桥	悬索桥	1377m	1997年	双层公铁两用桥
江阴长江大桥	悬索桥	1385m	1999年	单跨扁平全焊钢箱梁
南京长江二桥	斜拉桥	628m	2005年	三跨连续钢箱梁
苏通长江大桥	斜拉桥	1088m	2007年	双塔双索面钢箱梁
香港昂船洲大桥	斜拉桥	1018m	2009年	分离式双箱结构
沪通长江大桥	斜拉桥	1092m	2019年	钢桁架公铁两用桥
虎门二桥	悬索桥	1688m	2019年	扁平钢箱梁公路桥
杨泗港长江大桥	悬索桥	1700m	2019年	双层钢桁架梁公路桥

1.1.2　最新钢桥建造研究概述

国外钢桥应用较早,已积累大量实践经验,目前国外钢桥相关研究主要集中在疲劳领域及养护加固方面,其中,美国特拉华大学(University of Delaware)Erin Santini Bell制定了对装配式钢桥钢结构的疲劳抗力设计的标准;土耳其耶尔德兹理工大学(Yildiz Technical University)Fatih Alemdar等人提出了新型修复钢桥畸变疲劳裂纹钢板加固技术,该技术用角钢将钢梁腹板连接到横梁横向连接板及钢梁腹板对面的钢板上,以实验证明了其有效性;伊朗阿米尔卡比尔理工大学(Amirkabir University of Technology)Mohammad Reza Saberi等人提出了基于Bootstrap方法的钢桥构件疲劳寿命预测的非参数统计方法,该方法有助于钢桥的管理。

我国钢桥研究起步较晚，近 30 年内才得到快速发展，我国桥梁工程正处于关键的变革时期，主要表现为：

（1）建设材料的改进。传统的混凝土桥因其自重大、材料性能不佳、质量离散大及不可再生等原因，已不再适合当前的社会发展，钢桥因其出色的力学性能、良好的经济性和社会效应等优点，越来越受到桥梁设计师的青睐，各国设计、咨询和科研机构均在大力、大规模推广钢桥的工程应用。超高性能混凝土（Ultra-High Performance Concrete，简称 UHPC）的发展解决了钢桥桥面铺装的一些固有问题。

（2）设计理念的革新。信息化和数字化技术的快速发展带来许多新技术的产生与应用，极大地影响了桥梁设计理念，如将设计、施工等过程多方协同、全生命周期 BIM 技术、有限元仿真分析技术及疲劳裂纹模拟技术等，目前提倡的钢结构工厂化制造也保证了钢桥的整体质量。

（3）大量新技术的应用。钢桥在进行工厂化制造时会运用高端制造领域的新技术、新工艺等保证品质；施工时通过快速架设设备实现快速施工，大幅度缩短施工周期；在投入使用后通过多种无损检测技术对桥梁健康情况实时检测，进而预测其寿命，这些新技术的引入对桥梁这一传统工程领域具有深远的影响。

1.1.3 钢桥特点简介

钢材是一种抗拉、抗压和抗剪强度较高的均质材料，因而钢结构具有自重轻、承载力高的优点。在同结构体系情况下，钢桥的跨越能力均大于采用其他材料建造的桥梁。目前，钢拱桥跨径已达 552m（中国朝天门长江大桥）；钢斜拉桥最大跨径达 1104m（俄罗斯岛大桥）；钢悬索桥最大跨径也已达到 1991m（日本明石海峡大桥）；尚有更大跨径的钢桥在规划修建之中，意大利墨西拿海峡大桥的悬索桥方案，设计跨径达 3300m；2019 年 1 月 9 日，我国主跨 1176m 的常泰长江大桥开工建设，该桥为在建最大跨径的公铁两用斜拉桥。

因材料均质且稳定，在运营中钢结构的实际应力与计算值更为接近，较之混凝土桥更为安全可靠。在施工过程中，钢构件在工厂中制造，不仅施工质量可靠，而且上、下部结构可同时施工，建造速度快。钢桥使用寿命也较长，在受到局部轻微损伤时，易于修复和更换，即使是全桥拆换，钢材也可回收利用。从全生命周期总价值分析来看，钢材是一种经济、合理和环保的建设材料。但钢桥对温度以及动载效应较为敏感，在长期可变作用效应下，会导致结构部分构件发生疲劳破坏；此外，钢材受大气侵蚀，易生锈，需定期检查，钢桥养护费用较其他材料的桥梁更昂贵，随着优质油漆以及耐候钢的出现，钢桥的养护周期已大大加长，费用方面有所降低。

钢材的优异性能使其在大、中、小跨径桥梁中都可应用。在进行公路桥梁设计时，跨径 50m 以下的桥梁较多采用钢筋混凝土桥或预应力混凝土桥或钢筋混凝土拱桥，但在城市中为了减少交通中断和满足环保要求也可采用钢桥方案；对于中等跨径和大跨径的桥梁，从技术、经济、安全、环保等方面综合比选预应力混凝土桥、钢筋混凝土拱桥以及钢桥等方案，以确定桥梁结构形式和材料类型；对于超大跨径的桥梁，钢桥则为首选方案。在我国铁路桥梁的建设中，大、中跨径的桥梁，皆以钢桥为主。

1.2 钢桥类型

按照力学体系分类，钢桥有梁、拱、索三大体系。梁式体系桥以承受弯矩为主，拱式体系桥以承压为主，缆索承重体系桥以受拉为主，将梁、拱、索三大体系进行组合，又出现了具有组合特点的桥型，如斜拉桥等。

（1）钢梁桥

梁式体系桥的承重结构是主梁，在竖向荷载作用下，主梁支承处（支座）不产生水平反力，竖直荷载与承重结构轴线接近垂直，为承弯结构，与相同跨径的其他体系桥梁相比，梁桥产生的弯矩最大，在力学图式上可细分为简支梁桥、连续梁桥和悬臂梁桥，其中连续梁桥根据截面高度的不同可分为等截面连续梁桥和变截面连续梁桥，如果墩梁固结，可以演化为刚构桥。梁式体系钢桥按照主梁截面形式的不同可分为钢板梁桥、钢桁梁桥、钢箱梁桥。如图1-1所示。

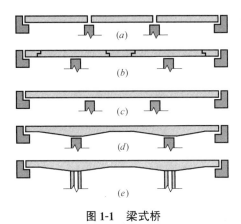

图 1-1 梁式桥

（a）简支梁桥；（b）悬臂梁桥；（c）等截面连续梁桥；（d）变截面连续梁桥；（e）连续刚构桥

（2）钢拱桥

拱式体系桥的主要承重构件是主拱圈或拱肋，拱式体系在竖向荷载作用下，支点处将产生水平反力（推力），水平反力将减小跨中截面竖向荷载产生的弯矩，与同跨径梁式体系桥相比，拱圈上弯矩和剪力要少许多，以承压为主。拱桥的主要分类方法如下：

1）按桥面相对主拱的位置可分为：上承式、中承式和下承式；

2）按主拱内有无设铰可分为：三铰拱、两铰拱和无铰拱，如图1-2所示；

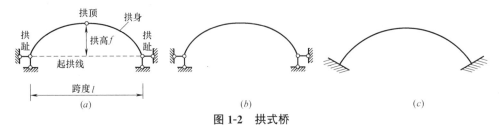

图 1-2 拱式桥

（a）三铰拱；（b）两铰拱；（c）无铰拱

3) 按对支承处的作用力可分为：有推力拱和无推力拱；

4) 按结构体系特点可分为：简单体系拱和组合体系拱；

5) 按主拱横截面的构造形式可分为：钢箱拱（板拱和肋拱）、钢桁拱和钢管混凝土拱等。

(3) 缆索承重体系桥

缆索承重体系桥的主要承重结构是主缆，在竖向荷载作用下，悬索桥的主缆承受强大的拉力，对加劲梁起到巨大的支撑作用，加劲梁比同等跨径梁桥主梁内力要小。

悬索桥在力学图式上分为外锚式悬索桥［见图 1-3（a）］和自锚式悬索桥［见图 1-3（b）］；按照分跨情况又可分为单跨［见图 1-3（a）］、两跨和三跨悬索桥［见图 1-3（b）］；按照加劲梁的构造形式可分为钢板梁、钢桁梁、钢箱梁以及结合梁等。

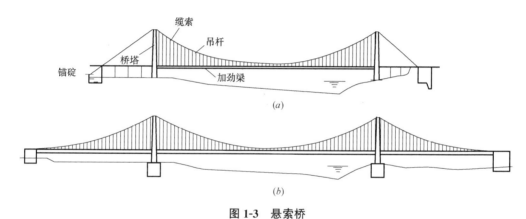

图 1-3 悬索桥

(a) 外锚式悬索桥（单跨）；(b) 自锚式悬索桥（三跨）

(4) 斜拉桥

斜拉桥由桥塔、主梁和斜拉索组成（见图 1-4），是三大体系中的梁-索组合体系。在重力荷载作用下，斜拉索将悬挂支撑主梁荷载，将其通过桥塔传给基础，因此，桥塔以受压为主，主梁类似于多点支承的连续梁，斜拉索水平分力亦使得主梁成为偏心受压结构。

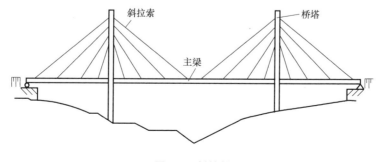

图 1-4 斜拉桥

斜拉桥按结构体系可分为：塔—梁—墩固结；塔—墩固结，梁支承于墩上（铰支或飘浮、半飘浮）；塔—梁固结支承于墩上等类型。主梁多为连续体系，早期出现的悬臂梁、刚构等结构现已不采用。此外，钢斜拉桥常见的主梁构造形式有：钢箱梁、钢板梁、钢桁梁和结合梁等。

1.3 钢桥设计原则

1.3.1 钢桥设计主要依据标准规范

钢桥设计时参考的国内规范有：
《公路桥涵设计通用规范》JTG D60—2015；
《城市桥梁设计规范》CJJ 11—2011（2019年版）；
《公路钢结构桥梁设计规范》JTG D64—2015；
《公路桥涵地基与基础设计规范》JTG 3363—2019；
《公路钢筋混凝土及预应力混凝土桥涵设计规范》JTG 3362—2018；
《城市桥梁抗震设计规范》CJJ 166—2011；
《公路桥梁抗风设计规范》JTG/T 3360-01—2018；
《公路斜拉桥设计规范》JTG/T 3365-01—2020；
《公路交通安全设施设计规范》JTG D81—2017；
《公路交通安全设施设计细则》JTG/T D81—2017；
《公路工程技术标准》JTG B01—2014；
《公路桥梁钢结构防腐涂装技术条件》JT/T 722—2008；
《城镇桥梁钢结构防腐蚀涂装工程技术规程》CJJ/T 235—2015；
《公路桥涵施工技术规范》JTG/T 3650—2020；
《钢结构焊接规范》GB 50661—2011；
《城市桥梁工程施工与质量验收规范》CJJ 2—2008；
《公路沥青路面施工技术规范》JTG F40—2004；
《公路工程质量检验评定标准第一册 土建工程》JTG F80/1—2017；
《城市桥梁养护技术标准》CJJ 99—2017。

国外可参考的规范有：
欧洲规范《钢桥设计》BS EN1993-2：2005；
欧洲规范：《钢和混凝土组合桥梁设计规范》BS EN1994-2：2005；
欧洲规范：《钢结构设计规范：疲劳》BS EN1993-1-9：2005；
欧洲规范：《桥梁设计荷载》BS EN1991-2：2005；
英国国家标准：《钢桥、混凝土桥及结合桥》BS5400；
日本规范：《道路桥示方书》2012 Ⅱ 钢桥篇；
美国规范：美国国家高速公路和交通运输协会《荷载抗力分项系数法桥梁设

计规范—2017》第六章钢桥。

1.3.2 钢桥设计基本原则

在进行钢桥设计时，在桥型选择和跨径布置上应遵循安全、耐久、适用、环保、经济、美观等原则，根据交通功能和技术等级，考虑因地制宜、就地取材、便于施工和养护等因素进行总体设计，在设计使用年限内应满足规定的正常交通荷载通行的需求，保证耐久性和可持续性发展。钢桥是由钢板、型钢等加工制作而成，存在加工工序多、工艺复杂、专业化生产、设计与架设方案统筹考虑等特点，具有工厂制造加工精度高、便于运输、安装速度快、安装质量可靠、结构重量轻、易于修复和更换的优点。钢桥设计应遵循以下原则：

（1）安全性

桥梁整体结构及其各构件在制造、运输、安装和运营过程中应具有足够的强度、刚度、稳定性和抗疲劳能力。

（2）耐久性

在设计明确的环境作用和正常养护的使用条件下，桥梁整体结构及其各构件在使用年限内保持安全性和适用性。钢桥的设计中须做好防腐设计和检修通道设计，保证在桥梁运营期间可多次涂装及便于结构检查、维修与更换。检修养护作业是钢桥安全性和耐久性的重要保障，设计时要满足可到达、可检查、可更换的设计要求。

（3）适用性

根据使用功能和交通量荷载合理确定桥梁纵断面、平面和横断面布置，桥上的车行道、人行道宽度应保证车辆和人群的出行安全、畅通，满足将来交通量增长的需要。桥型、跨径和桥下净空应满足行洪、通航、车辆及行人通行等要求。桥的两端应方便车辆和行人进入和疏散，以合理有效的交通组织设计保障整体交通安全，还应考虑桥面铺装与道路铺装的区别与衔接，进行综合设计，形成完善的桥面防水和排水系统。

（4）环保性

桥梁设计时应注重低能低碳和环保，并考虑可持续发展的问题，从桥梁设计、建造到使用乃至拆除的整个生命周期内，最大化地解决资源、减少环境污染，有效控制桥梁施工与使用期间对环境造成的不利影响。

（5）经济性

钢桥设计中必须进行全面详细的经济比较，除了综合考虑结构形式、施工方案的选择外，还应充分考虑桥梁使用期间的运营条件以及养护和维修费用等方面的问题，使得桥梁全生命周期的总造价和材料、能源等的消耗最低。此外，快速施工可缩短建设工期，不仅降低造价，而且提前通车也会带来可观的经济效益。

（6）美观性

在保证安全、耐久、适用和经济的前提下，尽可能使桥梁具有优美的外形，与周围自然环境和景观相协调，形成具有社会效应的人文景观。

(7) 可施工性

钢桥还应有针对性地提出对制作、运输、安装方面的要求，结合钢结构的制造工艺和装备，选择合理的制作、安装的结构形式，尽量采用标准化、通用化的结构构件，便于自动化加工与施工架设。结合拟定的架梁方案、起吊设备的最大吊重和最大吊距以及运输条件，充分考虑构件长度及重量，便于运输和架设。注重构造与连接细节设计，留有足够的工作空间，特别是重要受力构造部位，要便于检查人员和检测设备进入，便于日常养护和维修。

(8) 其他

基于韧性设计保证极端状态或巨灾下不至于倒塌，且能快速恢复。

1.3.3 钢桥设计荷载

桥梁结构除了承受自重和各种附加恒载作用外，还承受着桥梁所处自然环境因素的作用。《公路桥涵设计通用规范》JTG D60—2015 将桥梁作用分为永久作用、可变作用、偶然作用和地震作用等，具体如表1-2所示。

桥梁作用分类　　表1-2

序号	分类	名称
1	永久作用	结构重力（包括结构附加重力）
2		预加力
3		土的重力
4		土侧压力
5		混凝土收缩、徐变作用
6		水浮力
7		基础变位作用
8	可变作用	汽车荷载
9		汽车冲击力
10		汽车离心力
11		汽车引起的土侧压力
12		汽车制动力
13		人群荷载
14		疲劳荷载
15		风荷载
16		流水压力
17		冰压力
18		波浪力
19		温度（均匀温度和梯度温度）作用
20		支座摩阻力

续表

序号	分类	名称
21	偶然作用	船舶的撞击作用
22		漂流物的撞击作用
23		汽车的撞击作用
24	地震作用	地震作用

对于公路桥梁作用及组合的详细计算按照《公路桥涵设计通用规范》JTG D60—2015 第 4 章的规定执行，对于城市桥梁作用及组合的计算按照《公路桥涵设计通用规范》JTG D60—2015 第 4 章和《城市桥梁设计规范》CJJ 11—2011（2019 年版）第 10 章的规定执行。对于钢桥，汽车荷载是导致其疲劳破坏的主要因素，根据不同的疲劳验算状况分为三种荷载计算模型，具体依据《公路钢结构桥梁设计规范》JTG D64—2015 第 5.5 节的规定。

1.3.4 结构设计方法

1. 极限状态与设计状况

《公路钢结构桥梁设计规范》JTG D64—2015 基于概率的极限状态设计方法，以分项系数的表达式进行钢桥设计，分为以下两类极限状态进行验算：

（1）承载能力极限状态对应于桥涵结构或构件达到最大承载力或出现不适于继续承载的变形或变位的状态，包括构件和连接的强度破坏、疲劳破坏以及结构整体或局部构件丧失稳定及结构倾覆；

（2）正常使用极限状态对应于桥涵结构或其构件达到正常使用或耐久性能的某项限值的状态，包括影响结构、构件正常使用的变形、振动及影响结构耐久性的局部损坏。

公路钢桥设计采用的作用及其组合系数应满足现行行业标准《公路桥涵设计通用规范》JTG D60 的规定，结构抗震验算应符合现行行业标准《公路工程抗震规范》的要求；钢桥设计、制造、验收、安装应符合现行行业标准《公路桥涵施工技术规范》JTG/T 3650 的规定。钢桥设计应考虑以下四种设计状况及相应的极限状况：

（1）持久状况对应的是桥梁使用阶段。这个阶段持续时间很长，要对结构的所有预定功能进行设计，进行承载能力极限状态和正常使用极限状态的相关计算。

（2）短暂状况对应的是桥梁施工阶段和维修阶段。这个阶段的持续时间相对于使用阶段是短暂的，结构体系和结构所承受的荷载与使用阶段也不同，设计时要根据具体情况而定，进行承载能力极限状态计算，可根据需求进行正常使用极限状态计算。

（3）偶然状况对应的是桥梁可能遭受的撞击等状况，这种状况出现的概率极小，且持续时间极短，只进行承载能力极限状态验算。

（4）地震状况对应的是桥梁可能遭遇地震的状况，只进行承载能力极限状态验算。

2. 钢桥结构验算项

（1）承载能力极限状态验算

为了防止结构或构件达到最大承载力或出现不适于继续承载的变形，设计时应对结构或构件的截面极限强度、整体与局部稳定、结构的倾覆稳定及疲劳进行相应验算。对于组合梁桥，还应进行结构的界面滑移验算。在进行承载能力极限状态计算时，组合作用采用基本组合，材料性能采用强度设计值。若施工期间存在结构体系转换，考虑施工过程的影响，验算施工过程中各阶段的结构承载力及稳定性，进行结构倾覆验算。除非有特殊要求，短暂状况不进行正常使用极限状态计算，通过施工或构造措施来防止构件出现过大的变形或裂缝。

1）截面极限强度验算

与钢筋混凝土桥一样，钢桥也需验算关键控制截面的极限强度，采用作用基本组合的效应设计值进行验算，如以钢板梁桥为例，控制截面上下翼缘外的侧缘部位强度、截面翼缘和腹板交点部位的复合应力以及中间支座两侧截面的抗剪强度。

2）构件整体稳定验算

稳定性是钢结构承载能力极限状态的重要组成部分，对于受压构件、受弯构件及压弯构件均会有整体稳定问题。对于受弯构件，满足《公路钢结构桥梁设计规范》JTG D64—2015 第 5.3.2 条的构造要求时可不进行构件整体稳定验算，否则需计算构件整体稳定折减系数，对极限承载力进行折减后验算，整体稳定验算与极限强度验算类似，均采用作用基本组合的效应设计值进行验算。

3）板件局部稳定验算

在结构或构件没有整体失稳的情况下，宽厚比较小的板件如不发生局部失稳，那么构件设计仅为强度问题，只要保证构件的应力不超过材料的屈服强度即可。当构件壁板发生局部失稳破坏时，板件设计需要考虑稳定对承载力的折减。对于板件局部稳定问题，可通过控制板件宽厚比来防止发生局部失稳，也可通过计算考虑局部稳定的有效截面折减系数来验算结构或构件的承载力。局部稳定验算与极限强度验算相似，均采用作用基本组合的效应设计值进行验算。

4）倾覆验算

当上部结构由于倾覆力矩而绕桥梁纵轴线旋转时，会发生倾覆失稳现象，如能保证支座既有足够的抗压能力，又有足够的抗拉能力，则可避免倾覆的发生。由于常规支座不能受拉，因此在施工阶段和使用阶段的控制工况下，必须始终确保支座不出现负反力。《公路钢结构桥梁设计规范》JTG D64—2015 规定上部结构采用整体式截面的梁桥在持久状况下结构体系不应发生改变，按下列规定验算横桥向抗倾覆性能：①在作用基本组合下，单向受压支座始终保持受压状态；②当整联只采用单向受压支座支承时，应满足公式（1-1）的要求。

$$\frac{\sum S_{\mathrm{bk},i}}{\sum S_{\mathrm{sk},i}} \geqslant k_{\mathrm{qf}} \tag{1-1}$$

式中 k_{qf}——横向抗倾覆稳定性系数，取 $k_{\mathrm{qf}}=2.5$；

$\sum S_{\mathrm{bk},i}$——使上部结构稳定的作用基本组合（分项系数为 1.0）的效应设计值；

$\sum S_{\mathrm{sk},i}$——使上部结构失稳的作用基本组合（分项系数为 1.0）的效应设计值。

5）疲劳验算

钢桥或组合梁的结构部分应进行抗疲劳设计，以满足设计规范要求。由于疲劳极限状态的可靠度研究仍不完善，因此疲劳验算仍采用允许应力幅法（安全系数法），且按弹性状态验算。在进行钢结构构件抗疲劳设计时，除特别指明外，各作用应采用标准值组合，荷载作用分项系数均为 1.0，在伸缩缝附近时应考虑动力放大系数。

（2）正常使用极限状态验算

为了不影响桥梁结构和构件的正常使用及外部观感，设计时应对结构或构件的变形（挠度或侧移）以及构件长细比设定相应的限值，对组合梁进行抗裂、裂缝宽度和挠度验算。正常使用极限状态计算中，作用（或荷载）组合应采用作用频遇组合、准永久组合。

1）挠度验算

《公路钢结构桥梁设计规范》JTG D64—2015 规定，在计算竖向挠度时，采用不计冲击力的汽车车道荷载频遇值（系数为 1.0）计算的挠度值不应超过表 1-3 规定的限值。

竖向挠度限值 表 1-3

桥梁结构形式	简支或连续桁架	简支或连续板梁	梁的悬臂端部	斜拉桥主梁	悬索桥加劲梁
限值	$l/500$	$l/500$	$l_1/300$	$l/400$	$l/250$

注：表中 l 为计算跨径，l_1 为悬臂长度；当荷载作用于一个跨径内有可能引起该跨径正负挠度时，计算挠度为正负挠度绝对值之和；按毛截面计算，梁桥应设置预拱度，预拱度值取为结构自重标准值和车道荷载频遇值所产生的竖向挠度之和，频遇值为 1.0，考虑施工方法和顺序的影响，通过预拱度的设置保证桥面线形平顺。

2）（组合梁）混凝土结构抗裂验算

组合梁的混凝土桥面板最大裂缝宽度应满足现行行业标准《公路钢筋混凝土及预应力混凝土桥涵设计规范》JTG 3362 规定的限值要求，采用作用频遇组合效应设计值，不计汽车动力荷载冲击系数的影响。

1.4 钢材选型

1.4.1 桥梁结构用钢

1. 强度与等级

依据《公路钢结构桥梁设计规范》JTG D64—2015 的规定，钢材选用 Q235、Q345、Q390 和 Q420，其质量分别满足《碳素结构钢》GB/T 700—2006 和《低合金高强度结构钢》GB/T 1591—2018 的各项规定，用质量等级（B～E）反映钢材抵抗低温、应力集中、多向拉应力、荷载冲击和重复疲劳等因素导致脆断的能力，其中冲击韧性是钢材抗脆断能力的主要指标。

2. 钢材指标选用

选用钢材时，关注的指标包括：

（1）屈服强度和抗拉强度

这两项指标是结构设计的基本参数，当采用极限状态设计法时，屈服强度除以材料抗力分项系数后得出钢材设计强度值，材料抗力分项系数与钢材厚度分组及屈服强度等级有关。主承重结构选用较高强度的钢材，次要结构或挠度变形和长细比控制的构件可选用较低强度的钢材。为了减小计算长度的支撑构件，也可选用较低强度的钢材。在每个工程项目中，钢材牌号不宜过多，避免混淆。

（2）冲击功

需要验算疲劳或寒冷地区的结构，根据工作温度，选择合适的冲击韧性指标。

（3）延伸率

钢材韧性的基本参数与冲击功指标共同衡量钢材的韧性。选用钢材时，对于需要验算疲劳的焊接构件，应满足表1-4的钢材质量等级要求；对于需要验算疲劳的非焊接构件，当桥梁工作温度 $t \leqslant -20$℃时，Q235 和 Q345 的冲击韧性应满足质量等级 D 的要求。

钢材冲击韧性要求　　　　　　　　　　表1-4

钢材牌号	质量等级	试验温度（℃）	冲击韧性（J）
Q235	C	0	27
	D	−20	27
Q345	C	0	34
	D	−20	34
Q390	D	−20	34
	E	−40	27
Q420	D	−20	34
	E	−40	27

(4) 可焊接性

焊接结构应选用碳当量合格的材料，质量等级为 A 级的钢材（如 Q235A）不能保证含碳量合格，故焊接结构不应采用 A 级钢。

(5) 厚度方向性能

结构钢板厚度方向受力时，需考虑具备厚度方向性能（Z 向性能）的附加要求，通过控制冶炼过程中的硫、磷含量来实现厚度方向性能。焊接承重结构为防止钢材层状撕裂而采用 Z 向钢时，其材质应符合现行国家标准《厚度方向性能钢板》GB/T 5313 的规定。当选用 Z 向钢时，须将相关的钢材标准一并列出，如 Q345BZ15 钢，应说明为"采用厚度方向性能钢板，厚度方向性能等级为 Z15，牌号为 Q345B，应符合现行国家标准《厚度方向性能钢板》GB/T 5313—2010 和《低合金高强度结构钢》GB/T 1591 的规定"。

(6) 防腐耐久性

对于在大气腐蚀环境中工作、不易维护的结构，采用耐大气腐蚀钢种，冶炼过程中增加 Cu、Cr、Ni、Mo 等，使其具有良好的耐腐蚀性。市政工程钢结构可通过防腐涂装提高其耐久性，也可使用耐候钢。对于节点复杂或后期维护困难的构件，采用耐候钢可大幅度提高钢材的防腐耐久性，降低全寿命周期维护费用。

3. 紧固件

紧固件主要包括普通螺栓、高强度螺栓、圆柱头焊钉、锚栓和铆钉等。高强度螺栓可分为高强度大六角螺栓连接副、扭剪型高强度螺栓连接副、螺栓球节点用高强度螺栓。按受力特点，高强度螺栓分为承压型和摩擦型，由于摩擦型高强度螺栓传力均匀，抗疲劳性能好，可用于承担桥面的活荷载作用，故在钢桥设计中使用得较多。各种紧固件连接的优缺点及适用范围见表 1-5。

各种紧固件连接的优缺点及适用范围　　　　表 1-5

连接方法		优缺点	适用范围
铆接		优点：韧性和延性好，传力可靠，易于检查； 缺点：构造复杂，用钢量大，制造时需要号孔、钻孔、扩孔、打铆等工序，施工复杂	多用于直接承受动力荷载结构的连接和一些不宜采用焊接连接的部位，现已极少采用
普通螺栓	C 级	优点：施工简单，结构拆装方便	1. 宜用于沿杆轴方向受拉的连接； 2. 受剪连接限于：只承受静力荷载或间接承受动力荷载结构中的次要连接；承受静力荷载的可拆卸结构的连接；临时固定构件用的安装螺栓
	A 级、B 级	优点：承受拉力和剪力； 缺点：杆径与孔径间孔隙小，制作和安装较复杂，安装时需要扩孔，费工费料	材质应采用等于或大于 8.8 级的材料，常用于机械设备行业。工业与民用建筑钢结构中较少采用

续表

连接方法		优缺点	适用范围
高强度螺栓	摩擦型	优点：连接紧密，节点能弹性地整体工作；传力均匀，抗疲劳能力强；施工条件好，安装简单迅速；便于检测、养护和加固	1. 广泛用于桥梁结构及工业与民用建筑钢结构的连接中； 2. 各种连接中最适于承受直接动力荷载的连接方式； 3. 凡不宜采用焊接连接的结构，均可用高强度螺栓代替
	承压型	优点：连接紧密，承载能力较摩擦型高；螺栓达到最大承载力时，连接产生微量滑移；施工条件好，安装简单；便于检测、养护和加固	适用于容许连接处有微量滑移的承受静力荷载或间接动力荷载的结构；不用于承受直接动力荷载的结构

目前，我国主要采用两种高强度螺栓连接副——高强度大六角螺栓连接副和扭剪型高强度螺栓连接副，这两种高强度螺栓连接副性能可靠，广泛采用的高强度大六角螺栓连接副为8.8S、10.9S，扭剪型高强度螺栓连接副为10.9S。常用紧固件材料标准见表1-6。

常用紧固件材料标准 表1-6

紧固件		性能等级或材质	中国标准	参考标准
普通螺栓	六角头螺栓C级	4.6S	《六角头螺栓 C级》GB/T 5780—2016	ISO 4016：2011
		4.8S		
	六角头螺栓A级、B级	5.6S	《六角头螺栓》GB/T 5782—2016	ISO 4014：2011
		8.8S		
高强度大六角螺栓连接副1	螺栓	8.8S	《钢结构用高强度大六角头螺栓》GB/T 1228—2006	ISO 7412：1984
		10.9S		
	螺母	10H	《钢结构用高强度大六角头螺母》GB/T 1229—2006	ISO 7414：1984
		8H		
	垫圈	35HRC~45HRC	《钢结构用高强度垫圈》GB/T 1230—2006	ISO 7416：1984
扭剪型高强度螺栓连接副2	螺栓	10.9S	《合金结构钢》GB/T 3077—2015	DINEN 10083-1—1991
			《冷镦和冷挤压用钢》GB/T 6478—2015	ISO 4954—1993
	螺母	10H	《优质碳素结构钢》GB/T 699—2015 或《冷镦和冷挤压用钢》GB/T 6478—2015	
	垫圈	35号钢或45号钢	《优质碳素结构钢》GB/T 699—2015	无
锚栓		Q235钢	《碳素结构钢》GB/T 700—2006	ISO 630：1995
		Q345钢	《低合金高强度结构钢》GB/T 1591—2018	EN 10025：2004

续表

紧固件	性能等级或材质	中国标准	参考标准
圆柱头焊钉（栓钉）	ML15	《电弧螺柱焊用圆柱头焊钉》GB/T 10433—2002	ISO 13918:1998
	ML15A1		JISB 1198—1995
铆钉	BL2	《标准件用碳素钢热轧圆钢及盘条》YB/T 4155—2006	JISG 3101—1995
	BL3		JISG 3191—2002

注：1.《钢结构用高强度大六角头螺栓》GB/T 1228—2006、《钢结构用高强度大六角头螺母》GB/T 1229—2006、《钢结构用高强度垫圈》GB/T 1230—2006 为摩擦型高强度螺栓连接副螺栓、螺母、垫圈，其包括的螺纹规格为 M12~M30，其技术条件见《钢结构用高强度大六角头螺栓、大六角头螺母、垫圈技术条件》GB/T 1231—2006。
2.《钢结构用扭剪型高强度螺栓连接副》GB/T 3632—2008 合并了《钢结构用扭剪型高强度螺栓连接副》GB/T 3632—1995 及《钢结构用扭剪型高强度螺栓连接副技术条件》GB/T 3633—1995。
3.《六角头螺栓》GB/T 5782—2016 包括螺纹规格为 M1.6~M64，5.6 级、8.8 级、9.8 级、10.9 级等，产品等级为 A 级、B 级的六角头螺栓。
4.《六角头螺栓 C 级》GB/T 5780—2016 包括螺纹规格为 M5~M64，3.6 级、4.6 级、4.8 级，产品等级为 C 级的六角头螺栓。
5.《电弧螺栓焊用圆柱头焊钉》GB/T 10433—2002 包括公称直径为 10~25mm 的电弧螺柱焊用圆柱头焊钉，适用于土建工程的剪切件、埋设件、锚固件。
6. YB/T 4155—2006 为《标准件用碳素钢热轧圆钢及盘条》，代替了《标准件用碳素钢热轧圆钢》GB/T 715—1989。

紧固件规格见表 1-7。

紧固件规格　　　　　表 1-7

螺栓种类	性能等级	常用规格
C 级普通螺栓	4.6S、4.8S	M5、M6、M8、M10、M12、M16、M20、M24、M30、M36、M42、M48、M56、M64
高强度大六角螺栓连接副	8.8S、10.9S	M12、M16、M20、M24、M30
扭剪型高强度螺栓连接副	10.9S	
螺栓球节点用高强度螺栓	10.9S	M12、M14、M16、M20、M22、M24、M27、M30、M33、M36
	9.8S	M39、M42、M45、M48、M52、M56×4、M60×4、M64×4

注：螺栓球节点用高强度螺栓用于网架结构，M56×4 指螺距为 4mm。

设计过程中，布置高强度螺栓时应考虑专用施工安装工具的操作空间，施工扳手可操作空间参考尺寸见表 1-8。

施工扳手可操作空间参考尺寸　　　　　表 1-8

扳手种类		参考尺寸(mm)		示意图
		a	b	
手动定扭矩扳手		$1.5d_0$ 且不小于 45	140+c	
扭剪型电动扳手		65	530+c	
大六角电动扳手	M24 及以下	50	450+c	
	M24 以上	60	500+c	

4. 焊接材料

焊接性能应与基材（母材）相匹配。当不同强度的钢材连接时，采用与较低强度钢材牌号相适应的焊接材料，常用焊接材料可按表1-9选取。所选用焊接接头的屈服强度、低温冲击功、延伸率不应低于母材的标准值，选用的焊接材料、焊接工艺，根据设计要求通过焊接工艺评定。Q390以上高强度钢材、国外钢材焊接时，需开展焊接工艺评定。当所焊接头的板厚≥25mm时，焊条电弧焊应采用低氢焊条，对于需要验算疲劳的构件选用低氢型碱性焊条。手工焊接所用的焊条应符合现行国家标准《非合金钢及细晶粒钢焊条》GB/T 5117和《热强钢焊条》GB/T 5118的规定，焊条型号应与主体金属力学性能相匹配；自动焊或半自动焊用焊丝应符合现行国家标准《熔化焊用钢丝》GB/T 14957、《气体保护电弧焊用碳钢、低合金钢焊丝》GB/T 8110和《非合金钢及细晶粒钢药芯焊丝》GB/T 10045、《热强钢药芯焊丝》GB/T 17493的相关规定；埋弧焊用焊丝和焊剂应符合现行国家标准《埋弧焊用非合金钢及细晶粒钢实心焊丝、药芯焊丝和焊丝-焊剂组合分类要求》GB/T 5293、《埋弧焊用热强钢实心焊丝、药芯焊丝和焊丝-焊剂组合分类要求》GB/T 12470的规定，对焊母材有冲击功要求时，熔敷金属的冲击功不应低于母材的规定。

焊接材料匹配推荐表　　　　表1-9

母材	焊接材料			
	焊条电弧焊 SMAW	实心焊丝气体保护焊 GMAW	药芯焊丝气体保护焊 FCAW	埋弧焊 SAW
Q235	GB/T 5117： E43XX、E50XX GB/T 5118： E50XX-X	GB/T 8110： ER49-X ER50-X	GB/T 17493： E43XTX-X E50XTX-X	GB/T 5293： F4XX-H08A GB/T 12470： F48XX-H08MnA
Q345、Q390	GB/T 5117： E5015、16 GB/T 5118： E5015、16-X E5515、16-X	GB/T 8110： ER50-X ER55-X	GB/T 17493： E50XTX-X	GB/T12470： F48XX-H08MnA F48XX-H10Mn2 F48XX-H10Mn2A
Q420	GB/T 5118： E5515、16-X E6015、16-X	GB/T 8110： ER55-X ER62-X	GB/T 17493： E55XTX-X	GB/T12470： F55XX-H10Mn2A F55XX-H08MnMoA
Q460	GB/T5118： E5515、16-X E6015、16-X	GB/T 8110： ER55-X	GB/T 17493： E55XTX-X E60XTX-X	GB/T12470： F55XX-H08MnMoA F55XX-H08Mn2MoVA

1.4.2 型钢的选型

1. 型材要求

选用各种型材（H型钢、工字钢、角钢、槽钢等）、管材与板材的品种和规格时，应满足以下要求：

（1）在同一工程或同一构件中，同类型材料的规格和种类不宜过多，不同牌号钢材的钢板、型材或钢管不宜选用同一厚度或同一规格；

（2）尽量选用分组厚度较薄的规格，工字钢、槽钢不宜选用加厚型截面（规格型号带 b、c 角标者），选用工字钢、槽钢与角钢时，不宜选用最大型号规格和最小型号规格；

（3）选用工字形截面型材时，优先选用热轧 H 型钢或高频焊薄壁 H 型钢；

（4）设计时可按最新的型钢产品标准选用适合、经济的规格。

《热轧型钢》GB/T 706—2016 中的钢材牌号引自《碳素结构钢》GB/T 700—2006、《低合金高强度结构钢》GB/T 1591—2008（现行版本为 2018 年版），该规范合并了《热轧工字钢尺寸、外形、重量及允许偏差》GB 706—1988、《热轧槽钢尺寸、外形、重量及允许偏差》GB 707—1988、《热轧等边角钢尺寸、外形、重量及允许偏差》GB 9787—1988、《热轧不等边角钢尺寸、外形、重量及允许偏差》GB 9788—1988、《热轧 L 型钢尺寸、外形、重量及允许偏差》GB 9946—1988 五本标准，增加了部分规格，调整了部分尺寸和外形允许偏差。其中，工字钢范围为 I10～I63c，新增加 I12、I24、I27、I30、I55 系列；槽钢范围为 [5～[40c，新增加 [6.5、[12、[24、[27、[30 系列；等边角钢范围扩大为 L20×3～L250×35，新增加 6、15、22、25 型号，同一型号还增加了规格，如型号 8 增加了 L80×9；不等边角钢增加了型号 15/9，该型号有 L150×90×(8～16) 共 6 种规格的角钢；L 型钢的规格没有调整。《热轧 H 型钢和剖分T 型钢》GB/T 11263—2017 中的钢材牌号分别引用了《碳素结构钢》GB/T 700—2006、《低合金高强度结构钢》GB/T 1591—2008（现行版本为 2018 年版）、《耐候结构钢》GB/T 4171—2008、《船舶及海洋工程用结构钢》GB 712—2011、《桥梁用结构钢》GB/T 714—2015。《结构用无缝钢管》GB/T 8162—2018 中的钢材牌号为 Q235、Q345、Q390、Q420、Q460 等。《直缝电焊钢管》GB/T 13793—2016 中的钢材牌号引用了《优质碳素结构钢》GB/T 699—2015 中的 8、10、15、20 及《碳素结构钢》GB/T 700—2006 中的 Q195、Q215、Q235 及《低合金高强度结构钢》GB/T 1591—2008（现行版本为 2018 年版）中的 Q345。常用型钢特点和用途见表 1-10。

常用型钢特点和用途　　　　表 1-10

型钢名称	特点	用途
工字钢	量大面广，采购方便；翼缘内侧带斜坡，翼缘螺栓连接不便利；逐渐被 HN 型钢取代	轨道、梁等
角钢	规格多，采购方便，强度等级高；互成 90°的角钢肢，方便正交方向的连接	铁塔立柱、钢桁架、腹杆等
槽钢	规格多，采购方便；槽钢腹板平面可供连接用，双槽钢可形成闭口截面	次梁、檩条等；双槽钢可设计成柱

续表

型钢名称	特点	用途
H型钢	翼缘内侧和外侧平行,螺栓连接便利,翼缘较宽者为HW型钢,高且窄时为HN型钢	钢梁、钢柱,逐渐代替工字钢
T型钢	由H型钢剖分而成,代替双角钢形成的T形截面	钢桁架、腹杆等
钢管	防腐蚀性能好,极对称截面	钢柱、钢管桁架、支撑构件
矩管	防腐蚀性能好,四个面为平面,连接便利	钢梁、钢柱、支撑构件

2. 其他材料

非焊接结构用铸钢件的质量应符合现行国家标准《一般工程用铸造碳钢件》GB/T 11352的规定,焊接结构用铸钢件的质量应符合现行国家标准《焊接结构用钢铸件》GB/T 7659的规定。销、铰、轴等采用优质碳素结构钢锻制或轧制钢材,质量须满足现行国家标准《优质碳素结构钢》GB/T 699的规定。

1.5 钢桥连接构造

1.5.1 焊接

焊接是现代钢桥最主要的连接方法,其优点是对钢材从任何方位、角度和形状相交方便适用,构造简单,节省钢材,制造方便,易于自动化操作,生产效率高,且焊接刚度较大,密封性较好;其缺点是焊缝附近的钢材因焊接的高温作用而形成热影响区,金相组织和机械性能发生变化,某些部位材质变脆,焊接过程中钢材受到不均匀的高温和冷却,使结构产生焊接残余应力和残余变形,且焊缝可能出现气孔、夹渣、咬边、弧坑裂纹、根部收缩、接头不良等缺陷影响结构的疲劳强度,应注意板件的划分尺寸、焊接的操作工艺、焊缝的布置和焊接变形的调整。

焊接方法有很多种,钢桥中主要采用电弧焊和栓钉焊,电弧焊用于钢板和型钢等处连接,栓钉焊仅用于栓钉的焊接。常用的电弧焊有手工电弧焊、埋弧焊和气体保护焊,其中埋弧焊和气体保护焊为自动或半自动焊。栓钉由栓头、栓杆和焊熔端三部分组成,其焊接时,将焊钉插入焊枪、焊熔端套入瓷环立于被焊钢板上,栓杆通电时,焊熔端自动离开钢板表面一定距离并产生电弧使栓钉焊于钢板,焊完后将瓷环清除。焊缝连接按焊体钢材的连接方式可分为对接接头、搭接接头、T形接头、角接接头等形式,按焊缝本身的构造分为角焊缝、全熔透坡口焊和部分熔透坡口焊。

焊接在设计与施工图中的表示方法由基线、箭头线、基本焊接符号、辅助焊接符号、焊缝尺寸和特级符号等组成,详见《焊缝符号表示法》GB/T 324—2008相关规定。

根据结构的重要性、荷载特性、焊缝形式、工作环境以及应力状态等，焊缝分为一级、二级和三级。三级焊缝只要求对全部焊缝做外观检查，满足三级质量标准；二级、一级焊缝还要求做一定数量的超声波或射线、拍片检验并符合相应级别的质量标准。钢桥对疲劳性能要求较高，除角焊缝外，很少采用三级焊缝。

对接焊缝或角接组合焊缝强度应符合《公路钢结构桥梁设计规范》JTG D64—2015 第 6.2.24 条的规定；直角焊缝强度应符合《公路钢结构桥梁设计规范》JTG D64—2015 第 6.2.25 条的规定；角焊缝焊接尺寸应符合《公路钢结构桥梁设计规范》JTG D64—2015 第 6.2.9 条的规定。

焊接强度受焊接工人技能水平的影响，特别是焊缝打磨程度对疲劳强度影响很大，需注意以下要点：

(1) 杆件设计应考虑焊接顺序；
(2) 明确表示材质、坡口形状与尺寸、打磨部位；
(3) 避免焊缝的集中和交叉，根据需求设置过焊孔；
(4) 尽量避免应力集中；
(5) 板件组合尽量减少板厚之间的差距；
(6) 尽量选择对称焊缝结构；
(7) 根据应力传递情况确定坡口形状，尽量减少焊接量；
(8) 受冲击荷载或重复荷载的连接，尽量采用熔透对接焊；
(9) 尽量采用向下构造焊缝；
(10) 角焊缝尽量采用等边三角形；
(11) 焊脚边夹角小于 60°或大于 120°的 T 形接头难以熔透，焊脚尺寸短，宜采用全断面熔透对接焊。

为了保证钢桥良好的连接受力性能，其主要构造焊接连接类型、焊缝质量及检验要求如表 1-11 所示。

钢桥主要焊接连接类型及质量检验要求 表 1-11

焊接名称	质量等级	探伤方法	检验等级	探伤比例	探伤部位
横向对接焊缝(顶板、底板、腹板、横隔板等)	Ⅰ级	超声波探伤（UT）	B(单翼双侧)	100%	焊缝全长
纵向对接焊缝(顶板、底板、腹板、横隔板等)					端部 1m 范围内为Ⅰ级，其余部位为Ⅱ级
T 形接头和角接接头熔透角焊缝			B		焊缝全长
横隔板纵向对接焊缝			B		焊缝全长
部分熔透角焊缝	Ⅱ级		B	100%	焊缝两端各 1m
焊缝尺寸>12mm 的角焊缝			A		焊缝两端各 1m

续表

焊接名称		质量等级	探伤方法	检验等级	探伤比例	探伤部位
纵向对接焊缝	顶板	Ⅰ级	射线探伤（UT）	AB	10%	中间250～300mm
	底板、腹板					焊缝两端各250～300mm
横隔板横向对接焊缝					5%	下部250～300mm
横向对接焊缝（顶板、底板、腹板等）					10%	两端各250～300mm，长度大于1200mm中间加探两端各250～300mm
梁段对接焊缝	顶板十字交叉焊缝				100%	纵横向各250～300mm
	底板十字交叉焊缝				30%	
	腹板				100%	焊缝两侧各250～300mm
连接锚箱或吊耳板的熔透角焊缝		Ⅱ级	磁粉探伤（MT）		100%	焊缝全长
U形肋对接焊缝						
横隔板与腹板角焊缝						焊缝两端各500mm
横隔板与顶（底）板角焊缝						行车道范围总长的20%
腹板与底板角焊缝						焊缝两端各1000mm，中间每隔2000mm探1000mm
临时连接						拆除临时连接的部位

1.5.2 螺栓连接

螺栓连接分为普通螺栓连接和高强度螺栓连接。普通螺栓用普通扳手拧紧，通过螺杆承受剪力和杆件孔壁承受压力或螺杆受拉来传力。高强度螺栓则用特制的、可控制扭矩或螺栓拉力的扳手拧紧，通过摩擦力或板件间的预压力来传力。高强度螺栓连接分为摩擦型高强度螺栓连接和承压型高强度螺栓连接。摩擦型高强度螺栓连接由螺栓拧紧力所提供的摩擦力抵抗外荷载，螺栓连接发生主滑动后，依然有相当大的承载能力。承压型高强度螺栓连接剪力可能超过最大摩擦力，连接板件间将发生相对滑移变形，直至螺栓杆与孔壁接触，最终导致杆身剪切或孔壁承压破坏，由于容许接头产生相对滑动，整体性和刚度差，相对变形大，桥梁结构中通常采用摩擦型高强度螺栓连接。

普通螺栓设计值应符合《公路钢结构桥梁设计规范》JTG D64—2015第6.3.9条的规定。摩擦型连接高强度螺栓设计值应符合《公路钢结构桥梁设计规范》JTG D64—2015第6.3.10条的规定。螺栓布置间距应符合《公路钢结构桥梁设计规范》JTG D64—2015第6.3.3条的规定。螺栓设计注意事项如下：

(1) 高强度螺栓布置尽量避免应力集中，均匀布置；
(2) 螺栓布置考虑操作所需空间满足最小间距要求；
(3) 尽量避免偏心；
(4) 构件节点处一端螺栓沿轴向受力方向的连接长度大于15倍的螺栓孔孔

径时，应折减承载力。

1.5.3 螺栓连接和焊接并用连接

钢桥连接可采用螺栓连接和焊接并用方式，在施工过程中如先焊接，会导致钢板产生变形，影响摩擦面的密贴；如先施拧螺栓，焊接过程产生的热量将影响材料的摩擦系数，故两种方式结合，需合理考虑施工方案和焊接工艺。

1.6 钢桥疲劳设计

钢桥疲劳设计应避免疲劳强度过低的连接构造及不采用已出现疲劳案例的构造类型，考虑汽车荷载对构件产生的应力幅，确保结构耐久性，构件连接构造原则上采用《公路钢结构桥梁设计规范》JTG D64—2015 附录 C 中的构造。疲劳强度值应满足《公路钢结构桥梁设计规范》JTG D64—2015 第 5.5.8 条的规定，构造细节应符合《公路钢结构桥梁设计规范》JTG D64—2015 附录 C 的规定。钢结构构件和连接的疲劳荷载计算模型应符合《公路钢结构桥梁设计规范》JTG D64—2015 第 5.5.2 条第（1）、(2) 款的规定，疲劳验算应满足《公路钢结构桥梁设计规范》JTG D64—2015 第 5.5.4 条、第 5.5.5 条的规定。钢桥面板的疲劳荷载计算模型应按《公路钢结构桥梁设计规范》JTG D64—2015 第 5.5.2 条第（3）款规定选取，疲劳验算应按《公路钢结构桥梁设计规范》JTG D64—2015 第 5.5.6 条规定进行。疲劳验算注意事项如下：

（1）单向多车道疲劳验算应考虑疲劳车辆的各车道不均匀分布影响；
（2）变幅疲劳应力参考雨流法进行计算；
（3）大小不同疲劳应力幅的循环次数根据损伤积累理论计算；
（4）疲劳计算需考虑冲击系数，在伸缩缝附近需额外考虑放大系数。

抗疲劳构造设计：

（1）闭口加劲肋与桥面板连接须确保必要的焊缝厚度，熔透率不小于 75%。
（2）上层桥面板的顺桥向焊缝尽量避开车轮正下方位置。
（3）纵向加劲肋连接尽量避开跨径中间位置。
（4）用高强度螺栓连接纵向加劲肋时，过焊孔长度不宜大于 80mm，拼接板受力按净截面验算。
（5）闭口加劲肋的连接须考虑加劲肋内部防腐。
（6）用高强度螺栓连接横向加劲肋（或横梁）时，过焊孔长度不宜大于 80mm。
（7）横向加劲肋（或横梁）的连接位置尽量避开车轮正下方。
（8）避免采用"十"字形焊缝。

第 2 章　钢箱梁桥设计要点及过程

2.1　钢箱梁桥构造及总体设计内容

2.1.1　钢箱梁结构形式

钢箱梁的断面形式可分为单箱单室、单箱多室、双箱单室、多箱单室以及扁平箱等（见图 2-1），其中单箱单室、单箱多室多用于宽跨比较小的桥梁，双箱单室是实际应用最多的断面形式，多箱单室主要用于桥宽较大的桥梁，扁平箱主要用作悬索桥、斜拉桥、拱桥等有抗风要求的加劲梁。根据受力体系钢箱梁也可分为简支梁、连续梁和悬臂梁，钢箱梁的受力特性较适用于连续梁桥。

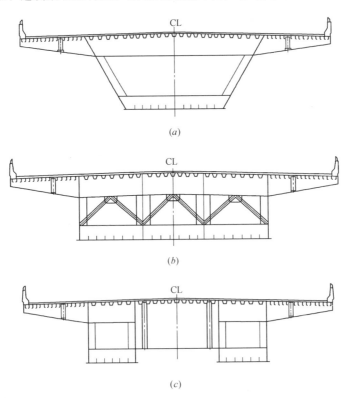

图 2-1　钢箱梁结构形式（一）

（a）单箱单室钢箱梁；（b）单箱多室钢箱梁；（c）双箱单室钢箱梁

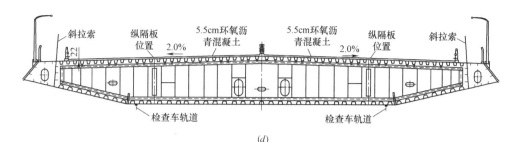

(d)

图 2-1 钢箱梁结构形式（二）

（d）扁平钢箱梁

2.1.2 钢箱梁构造特点

钢箱梁是典型的闭口薄壁结构，翼缘和腹板厚度比起高度和宽度来都较小，计算时应采用薄壁箱梁结构理论分析其应力和变形状态，且考虑设置足够多的横隔板和纵横向加劲肋来保证钢箱梁具有良好的受力特性，其与工字形钢板梁相比有以下优点：

（1）翼缘宽度大，抗弯能力强，跨越能力比钢板梁强，目前连续钢箱梁桥的最大跨径已超 300m；

（2）抗扭刚度好，荷载横向分配均匀，即使采用单箱结构形式，两侧腹板的弯矩相差也不大，适用于弯桥及斜交桥；

（3）横向抗弯刚度大且横向稳定性好；

（4）单梁的整体稳定性好，便于吊装及无支架施工，构件数量比钢板梁桥少，施工速度快；

（5）梁高较小，适用于立交桥和建筑高度受限的桥梁等；

（6）横隔板和加劲结构等都在箱内，外形美观；

（7）箱内为中空结构，便于布置电缆、水管、煤气管等附属设施，还可作为检修和维护的通道。

2.1.3 钢箱梁桥总体设计工作内容

总体设计的主要工作是与业主（建设单位）密切沟通，了解业主对工程的构想，明确主要功能和建设项目的工程范围后，进一步确认和收集设计所需的工程自然环境条件资料，如水文、地质、气象等自然环境条件等，结合工程所在地区的工程实践经验、施工特长及技术设备条件，开展综合性设计工作。

1. 各阶段总体设计内容

钢箱梁桥上部结构由主梁、横向联结系和桥面系组成，钢箱梁的单箱承载力较大，可选用单箱、双箱和多箱的结构形式，总体布置较灵活。钢桥各阶段总体设计及计算内容见表 2-1、表 2-2。

钢桥不同阶段总体设计内容　　　　　　表 2-1

项目要素	可研阶段	初设阶段	施工图阶段	设计依据
桥面布置	△	△	△	道路规划
桥型选择	△	△	△	地形、地质、通航通行条件
桥跨布置	△	△	△	地形、桥型特征
施工方案	△	△	△	桥型、地形条件
用钢量指标	△	△	△	桥跨布置
刚度控制要求	△	△	△	桥跨布置
梁高取值	△	△	△	桥型、跨径布置
箱室结构（划分）	△	△	△	桥面荷载布置
支座布置	△	△	△	箱式划分情况及计算
施工周期及施工方案			△	运输及吊装设备条件
焊缝设计			△	构件受力特性
预拱度			△	结构刚度及受力情况
板件细节设计			△	结构构造及受力情况
防腐涂装设计		△	△	环境条件、景观要求
铺装设计	△	△	△	荷载要求
防排水设计			△	路面设计、结构构造
施工措施工程			△	结构构造、现场条件

注：表中△代表该阶段内需完成或深化的项目。

钢桥不同阶段总体计算内容　　　　　　表 2-2

项目要素	可研阶段	初设阶段	施工图阶段
整体结构承载能力极限状态计算	△	△	△
整体结构稳定性计算		△	△
整体结构抗倾覆计算		△	△
挠度控制	△	△	△
疲劳计算			△
抗风计算			△
抗震计算			△
施工过程受力及稳定验算			△

注：表中△代表该阶段内需完成或深化的项目。

2. 跨径布置原则

钢箱梁可选用混凝土桥面和钢桥面，当跨径小于 60m 时，采用混凝土桥面板较为经济；当跨径大于 80m 时，尤其是大跨径的连续梁桥，采用钢桥面板；跨径为 60~80m 时需进行详细的技术与经济比较。采用钢桥面板的钢箱梁桥对于从小跨径的人行天桥到大跨径的连续梁桥均适用。根据既有工程实例数据统计，钢箱梁桥的跨径布置边中跨比分布在 0.5～1.0 的较大范围内，常规取值在 0.6～0.8 之间，当采用更大的边中跨比时，由于结构受力的不合理将影响经济性，只有在特殊情况下选用。对于跨越道路、河流通航孔等较为平坦的地形情况，边支点不采用竖向调节措施时边中跨比可降低至 0.6，当边中跨比进一步降低时，在活载布满中跨时边支座容易脱空，需在边支点设置竖向调节装置或压重，此时可将边中跨比取至 0.5，以减小主桥结构长度。

3. 箱梁结构形式

箱梁结构形式的选取主要考虑桥梁类型、桥梁宽度等因素。

（1）单箱单室箱梁桥

钢箱梁由于抗弯刚度和抗扭刚度较大，所以单梁具有较大的承载力。当桥宽较小（在 3 车道以内）且桥梁跨宽比小于 10 时，采用单箱结构形式较为经济；当布置 4～6 车道时，也可采用上下行线分离的双幅单箱梁桥。单箱单室钢梁在钢箱两侧设置较大的悬臂，有效减小了钢箱内宽度。为了减小挑梁的悬臂长度，也可将箱梁做成倒梯形，钢箱梁采用悬臂式钢桥面板还可增加翼缘板的有效宽度。腹板间距不大于简支梁的等效跨径且与主梁计算跨径相同，连续梁的等效跨径为反弯点间距离的 1/5 或主梁悬臂长度不大于等效跨径的 1/10 时，箱室全宽有效。单箱多室结构的中间腹板对于箱梁的抗扭刚度贡献不大、有效工作宽度也不明确，且增加用钢量，所以较少采用，只在梁高受到限制时考虑选取。

（2）双箱单室箱梁桥与多箱单室箱梁桥

桥宽较大或单箱结构尺寸过大在制作、运输、安装与架设过程中存在困难时，采用双箱结构较为合理。更大的桥宽则可选用多箱单室箱梁桥，多箱单室箱梁桥的布置与双箱单室箱梁桥的布置原则基本相同。由于多箱结构的用钢量大，只有跨径较小且桥宽很大时采用。为了使各主梁受力均匀并改善桥面板的受力，多箱钢梁桥的主梁尽可能等间距布置。

（3）扁平箱梁桥

扁平箱梁主要用作悬索桥、斜拉桥、拱桥等的加劲梁。

4. 梁高取值范围

钢箱梁的顶板应力由第一体系应力和第二体系应力叠加而成，其中第一体系应力受梁高控制，第二体系应力受隔板间距与加劲肋的形式影响较大，与梁高相关度不高。钢箱梁的设计控制应力是确定的，跨径的增加导致梁高的增加，以满足第一体系应力和第二体系应力限值，梁高与孔跨关联性强。

为了有效发挥材料能力和节省钢材，主梁设计时应尽可能按截面应力控制法来设计，梁高对主梁抗弯强度和刚度影响较大。据日本的工程实际经验（见图 2-2），钢箱梁梁高一般取为跨径的 1/30～1/20，其中简支梁高跨比取 1/25～1/20，连续梁高跨比取 1/30～1/25。

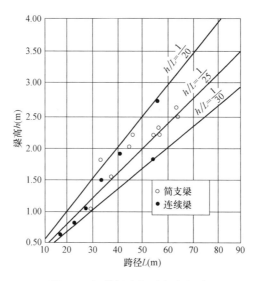

图 2-2 钢箱梁实桥跨径与梁高

为了减少用钢量，可根据弯矩的大小调整主梁截面尺寸，钢箱梁截面内力变化模式可以参考图 2-3 和表 2-3，调整主梁截面尺寸的方法可选取改变梁高和板厚两种模式。当跨径较小时，选用改变顶底板厚度而梁高不变的方法，有利于钢箱梁制作、运输和安装，对于中等跨径（70m 以下）为了制造便利可采用等高设计；当跨径较大时，采用改变梁高的模式更加有效，且从经济性上考虑应采用变高设计。

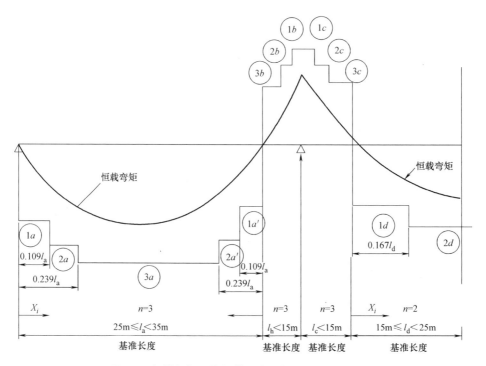

图 2-3 钢箱梁桥翼缘板截面变化数量和位置示意图

钢箱梁桥翼缘板截面变化数量和位置参数　　表 2-3

基准长度 l(m)	简支梁或连续梁正弯矩区段						连续梁负弯矩区段
	截面数量 n	X_1	X_2	X_3	X_4	X_5	截面数量 n
$l<15$	1～2	0.1671	—	—	—	—	2～3
$15\leqslant l<35$	2	0.1671	—	—	—	—	4
$35\leqslant l<45$	3	0.1091	0.2391	—	—	—	5
$45\leqslant l<55$	4	0.0811	0.1721	0.2821	—	—	—
$55\leqslant l<75$	5	0.0651	0.1361	0.2151	0.3101	—	—
$75\leqslant l<85$	6	0.0541	0.1121	0.1751	0.2461	0.3301	—
$85\leqslant l<95$	7	0.0461	0.0961	0.1481	0.2051	0.2691	—

（表头额外列 X_6 对应行均为空）

根据工程实践经验，总结常用跨径的梁高参数取值如下：

（1）跨径 30m 以下钢箱梁梁高应由具体构造措施决定，考虑维修、制造、节段连接等因素，钢箱梁隔板上应开设人孔，人孔上方高度为 2.5 倍加劲肋高度（开孔加劲肋需要 2 倍），采用顶板 U 肋加劲的最小梁高按照构造要求需要满足 700（开孔后隔板上缘高度）+500（人孔）+500（开孔后隔板下缘高度）=1700mm，即考虑施工操作空间，梁高不宜小于 1.7m。

（2）40m 跨径较合适的等高梁高度为 1.8m。

（3）50m 跨径较合适的等高梁高度为 2m。

（4）60m 跨径较合适的等高梁高度为 2.3m。

（5）70m 跨径较合适的等高或者变高梁高度为 2.6m。

（6）80m 跨径较合适的等高或者变高梁高度为 3.2m。

5. 箱梁宽度及箱室划分

箱梁宽度及箱室划分的确定必须综合考虑箱梁结构受力、加工制造、运输安装、养护维修等因素。从受力的角度出发，钢箱梁的高宽比很大时，侧向稳定性能较差，而高宽比过小时，顶底板有效宽度折减过多，经济性差。另外，高宽比过大或过小都会使得箱梁的畸变和翘曲影响增加。

从日本的钢箱梁桥实践来看（见图 2-4），单箱结构的箱室宽度在 3～6m 的居多，最大宽度为 8m 左右；双箱或多箱结构的箱室宽度在 1.5～4m 的居多，最大宽度可取 5m 左右；以上两类箱室的最小宽度都为 1m 左右，箱梁的高宽比在 0.5～2 之间。

总结国内的工程实践，在设计时参考以下参数取值范围：

（1）箱梁宽度要求

1）考虑钢箱梁剪力滞的影响，宽跨比 $B/l\leqslant 0.2$ 较合理；

2）考虑焊接空间要求，箱室宽度 $B>1.2$m 为宜；

3）考虑陆地运输，箱室宽度 2.8m$<B\leqslant 3.5$m 为宜；

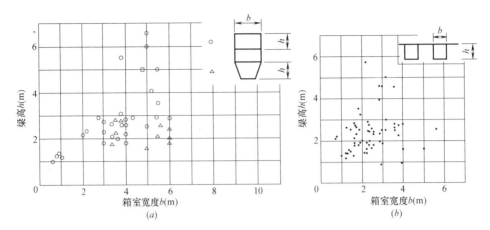

图 2-4 日本钢箱梁桥梁高与箱室宽度

(a) 单箱钢梁桥；(b) 双箱和多箱钢梁桥

4) 悬臂宽度 $B \leqslant 3.5m$ 为宜。

(2) 根据工程经验选型

1) 车道$\leqslant 2$：单箱单室；
2) 车道$=3$：单箱单室或单箱双室；
3) 车道$=4$：双箱单室；
4) 车道$=6$：双箱单室、双箱双室、三箱单室。

6. 节段划分

节段划分要综合考虑结构受力特性、运输及吊装设备条件。采用陆运时，运输节段最大重量不宜超过 80t，宽度不超过 5.3m，运输总高度不超过 4.5m（运输车一般高 1.2m，较矮的高 0.8m），长度方向不超过 16m。采用水运时，根据河道情况选取，最大可取 185m。同时根据施工场地情况及吊装设备吊装能力进行综合考量。制造方根据设计图纸结合车间吊装能力与空间位置、车间与桥址的运输条件、桥址节段吊装能力、钢梁的施工方案（临时墩位置、支架范围）等因素综合考虑制定节段划分原则。

7. 横坡设置原则

为保证钢箱梁顶板横坡与道路路面横坡一致，建议桥面横坡通过结构顶板横坡来调整，不建议采用加厚桥面铺装层来调整，顶板横坡有平坡、单向坡、双向坡三种形式。钢箱梁底板常为水平设置，当顶板为单向横坡时，考虑到钢箱梁结构的对称性，便于加工制造，底板也可考虑采用单向横坡。当桥梁宽度较大时，为了节省材料，设计会考虑将底板横坡设置为与顶板横坡相同的坡度值。在实际工程项目中，为方便现场施工架设，底板横坡仍以水平设置为主。

8. 横梁设置原则

对于双箱单室或多箱单室截面形式的结构，为使各主梁受力均匀及支承桥面板，在各梁之间设置中横梁，在梁端或中间支承处设置端横梁，有效提高桥梁整体抗扭能力和分散支点集中反力，保证桥梁整体受力和抵抗偏心荷载及风荷载等产生的扭矩。横梁对于荷载横向分配的作用较大，间距取值范围可适当放宽。为了使横梁有较好的横向分配效果及合理支承纵梁，横梁要有足够的刚度。如采用实腹式形式，横梁高度应为主梁高度的 3/4～4/5，最低不小于主梁高度的 1/2。作为桥面板的横向支承结构，横梁顶面应与主梁水平同高。

9. 支座及临时支点布置

单箱式钢箱梁的梁端必须设置双支座来保证结构的稳定性和抗扭能力；对于连续弯梁的单支座桥跨，为便于控制支座的偏心矩，箱梁整体必须具有足够的抗扭能力，中间支座偏离主梁形心，偏心设置在曲率半径较大的一侧，从而减小主梁恒载偏心扭矩。对于多箱钢梁桥，往往每个钢箱各设置一个支座，箱梁之间以横梁相连。若对单一钢箱梁设置多个支座时，由于支座高度的误差会导致支座受力不均匀，从而对箱梁产生不利影响。

10. 钢箱梁用钢量指标

评估钢结构设计合理性及经济性的指标之一是用钢量，以换算顶板平方含量来衡量用钢量，不同的设计人员、不同的设计单位、不同的设计方法得出的用钢量差别较大；同样跨径，不同的桥宽、不同的平面形状也会造成用钢量不同。尽管如此，用钢量仍可作为方案设计、工程计量和估算造价的主要依据，用钢量与跨径、结构形式、桥宽等许多因素有关，相关成果见图2-5。从图中可以看出：

（1）用钢量随着结构跨径的增加而增大，且增长斜率明显增大；

（2）简支梁相对于连续梁用钢量大；

（3）同等跨径的桥梁用钢量随着桥梁宽度的增加而有所减少。

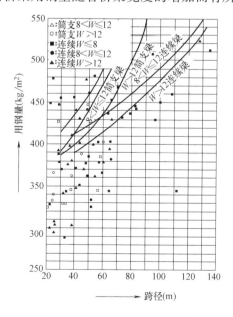

图 2-5 钢箱梁桥用钢量图

根据国内桥梁的实践经验，统计的不同跨径 13m 宽的直线桥用钢量数据见表 2-4。

不同跨径 13m 宽的直线桥用钢量比较　　　表 2-4

跨径(m)	梁高(m)	用钢量(kg/m²)
30	1.1	452
40	1.8	458
50	2.0	484
60	2.3	528
70	2.6	555
80	2.8	579

11. 钢箱梁桥施工方案简介

钢箱梁桥施工架设方案指工厂加工的钢结构成品构件，经运输到施工现场后，进行架设的过程和计划。施工方法应根据地形、地貌、水文、气象等环境条件及结构特点并结合施工单位的工程经验和技术水平合理选取。常见的施工方法有以下两种：

（1）吊装施工

吊装施工（见图 2-6）只需较少的设备和劳动力，方便快捷，对交通的影响最小，是最常用的钢箱梁架设方式。根据桥梁跨径大小和起重设备的起重能力，分段吊装或整孔吊装。分段吊装长度如果小于桥梁跨径，则需设置临时支墩，而较少使用满堂支架，吊装到位后，进行现场焊接或螺栓连接。对于小跨径桥梁或较轻的桥跨，优先选择整孔吊装施工。斜拉桥常采用分段吊装，悬臂拼装焊接的方法施工。陆地起重机架设梁段长度最大不超过 30～40m，汽车式起重机吊装高度不超过 15m，吊装重量小于 160t，如果设备操作空间允许，采用更大吊装高度和更大吊装重量的履带式起重机吊装。

图 2-6　吊装施工

（2）顶推施工

顶推施工法是在桥梁一端或两端沿着桥轴线将梁节段依次连接后，通过顶推及拖拉，将结构分段或整体移动至最终成桥位置的方法（见图 2-7），适用于较大跨径的桥梁，优先适用于等高度梁，当前最大顶推跨径已达到 150m。为了减小顶推过程中悬臂的重量，结构前缘会安装重量较轻的导梁。

图 2-7 钢箱梁跨公路顶推作业

2.2 钢箱梁详细设计流程及内容

2.2.1 钢箱梁详细结构划分

为了更好地指导桥梁工程师进行钢箱梁详细设计，制定更为全面的设计依据和设计方法，将钢箱梁拆分为如下构造系统：

(1) 顶板系统：由顶板、顶板纵向加劲肋（顶板横向加劲肋）组成。

(2) 底板系统：由底板、底板纵向加劲肋组成。

(3) 跨间横隔板系统：纵向每隔一定距离的跨间横隔板。

(4) 支点横隔板系统：桥墩位置的特殊形式横隔板。

(5) 端封横隔板系统：梁端伸缩缝处的特殊构造横隔板。

(6) 腹板系统：边腹板及边腹板加劲肋、中腹板及中腹板加劲肋。

(7) 挑梁系统：由挑梁顶板、纵向加劲肋、横向加劲肋（纵向每隔一定间距设置的变高倒 T 肋）组成。

(8) 支撑加劲肋：支点加劲肋构造。

(9) 检修通道：满足钢箱梁检修人员进出的通道，一般设置于梁底板上。

(10) 槽口构造：为梁端伸缩装置的安放预留的构造。

(11) 护栏连接构造：护栏与钢箱梁连接的构造。

2.2.2 各阶段钢箱梁构件设计与计算要求

在完成桥梁总体设计的基础上，进行更为详细的构造设计及验算，主要内容和验算方式见表 2-5、表 2-6。

钢桥不同阶段构造设计内容　　　　　表 2-5

项目要素	可研阶段	初设阶段	施工图阶段
顶板系统	△	△	△
底板系统	△	△	△
腹板系统	△	△	△
跨间横隔板系统		△	△
支点横隔板系统		△	△
端封横隔板系统			△
加劲肋形式及尺寸		△	△
支座加劲设计		△	△
梁端槽口设计			△
检修门布置及构造设计			△
护栏连接构造			△

注：表中△代表该阶段需进行的工作内容。

钢桥不同阶段构造验算内容　　　　　表 2-6

项目要素	可研阶段	初设阶段	施工图阶段	验算方式及方法
腹板及腹板加劲肋构造验算		△		按《公路钢结构桥梁设计规范》JTG D64—2015 第5.3.3条中的公式验算
受压板件加劲肋构造尺寸及刚度验算		△		按《公路钢结构桥梁设计规范》JTG D64—2015 第5.1.5条、第5.1.6条中的公式验算
翼缘板构造验算		△		按《公路钢结构桥梁设计规范》JTG D64—2015 第8.3节验算
跨间横隔板强度及刚度验算			△	按《公路钢结构桥梁设计规范》JTG D64—2015 第8.5.2条条文说明中的公式验算
支撑加劲肋验算			△	按《公路钢结构桥梁设计规范》JTG D64—2015 第5.3.4条中的公式验算
桥面板第二体系计算			△	FEA、Ansys 等
支点横隔板强度计算			△	Midas civil
桥面板受拉区域疲劳验算			△	FEA、Ansys 等

注：表中△代表该阶段需进行的工作内容。

2.2.3 加劲肋设计

1. 加劲肋类型

钢箱梁加劲肋可分为两大类：开口加劲肋，如板肋、T肋、L肋、球扁钢肋等；闭口加劲肋，如 U 肋和不常用的 π 肋、V 肋等，如图 2-8 所示。

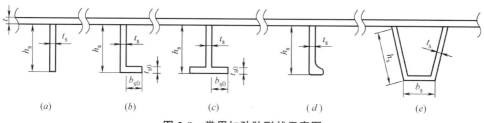

图 2-8 常用加劲肋形状示意图

（a）板肋；（b）L 肋；（c）T 肋；（d）球扁钢肋；（e）闭口加劲肋

加劲肋的应用情况如下：

（1）板肋应用最广，桥面板、底板、腹板加劲肋、支撑加劲肋均可采用，板肋厚度多采用 14mm、16mm，间距常取为 300mm，最小值控制在 250mm 以上。

（2）U 肋主要用在行车道桥面板部位，U 肋可视为两个 L 肋的合并，同时 L 肋底板合并后底板伸出肢受到腹板的约束，宽厚比最大可取 30，L 肋底板厚度不超过 12mm。U 肋常规形式：顶口宽 300mm，底口宽 170mm，高 280mm，壁厚 8mm，布置间距为 600mm，U 肋边缘距离腹板不小于 150mm，以方便施焊。

（3）L 肋在欧洲国家采用较多，国内较少应用。

（4）倒 T 肋是 L 肋的抗弯底板加强版，连接受力性能不好，隔板需以两块连接板相连，在日本与德国较为少见，国内常用于曲线梁顶底板加劲，间距可取为 350mm，最小值控制在 300mm。

（5）π 肋和 V 肋现在较少使用。

另外，按照加劲肋与母板（被加劲钢板）的刚度关系，加劲肋可分为刚性加劲肋和柔性加劲肋，判断依据为《公路钢结构桥梁设计规范》JTG D64—2015 第 5.1.6 条第 2 款。刚性加劲肋和柔性加劲肋在设计和受力上具有如下特征：

（1）对于刚性加劲肋，母板失稳时在加劲肋处形成界限，破坏形式为母板的局部失稳，母板的受力近似为简支边或加劲肋围成的局部板件；对于柔性加劲肋，失稳时加劲肋与母板共同变形，母板的受力形式符合正交异性板受力特点，为加劲肋和母板的整体失稳；

（2）采用刚性加劲肋的母板的欧拉应力 σ_{cr} 与加劲肋刚度无关；而采用柔性加劲肋的母板的欧拉应力 σ_{cr} 随加劲肋刚度的增加而增加，如图 2-9 所示。为了充分

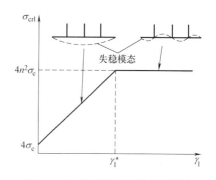

图 2-9 加劲板受压时的失稳模态

发挥母板钢材的强度,实际设计中常采用刚性加劲肋。

2. 加劲肋过焊孔设计

为了让加劲肋顺利穿过某些板件(如横隔板),实现对加劲肋的有效支撑,进而减小受压计算长度,须在通过的板件上设置过焊孔,各类加劲肋的过焊孔如图 2-10～图 2-12 所示。

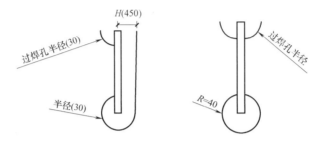

图 2-10　板肋过焊孔示意图

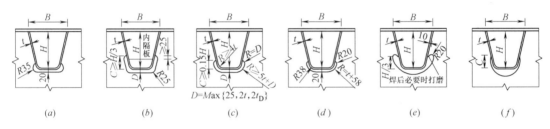

图 2-11　U 肋过焊孔示意图

(a) 国内早期常用形式;(b) AASHTO 2004;(c) Eurocode 3 公路桥;
(d) 日本道路桥示方书;(e) Eurocode 3 铁路桥;(f) 非标准

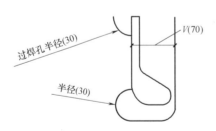

图 2-12　T 肋与球扁钢肋过焊孔示意图

当过焊孔半径≤20mm 时,不采用圆弧形过焊孔,而采用切角的方式。横隔板开孔自由边和开孔端部受力复杂,在局部车轮荷载作用下将产生较大的面内和面外变形,应力集中问题突出,易出现疲劳裂纹。为防止疲劳裂纹的出现,各国进行了大量的试验和理论研究,尤以 U 肋过焊孔试验研究最多,对横隔板开孔部位的构造细节也进行了明确的规定。目前,各国规范中都规定顶板、U 肋和横隔板三者交叉处不设过焊孔,要求 U 肋与横隔板竖向焊缝端部采用堆焊方式,在焊接完成后要打磨。从图 2-11 中可以看出,各国规范中规定的开孔形状略有差异,欧洲规范 Eurocode 3 所推荐的公路桥开孔形状与日本规范中的形状相似,只是在具体尺寸上略有不同。在日本规范中,公路桥和铁路桥的开孔形式有较大差异,铁路桥的开孔圆弧半径比公路桥的开孔圆弧半径大得多,这与铁路疲劳幅值较大有关。当开槽高度较小时,横隔板变形将会受到较强的约束,产生较大的面外应力,如图 2-11(b)所示,在 AASHTO 2004 中规定 U 肋连续通过横隔板,横隔板上的开孔高度 C 不小于 U 肋高度 H 的 1/3。同时,开孔构造 U 肋与横隔板之间相互作用会引起较大的次应力,AASHTO 2004 中考虑了此作用效应,因此推荐在 U 肋内部设置小隔板,但该做法对焊接工艺和施工精度有更高的要求,还要保证 U 肋腹板焊接连接的可靠性。

2019 年 9 月 20 日,在由上海铁路局组织召开的"五峰山长江大桥正交异性板 U 肋全熔透焊接应用研究"科技成果技术评审会上,根据实际疲劳试验结果对比(见表 2-7),专家们对 U 肋双面埋弧全熔透焊接工艺良好的抗疲劳性能予以了肯定,全熔透 U 肋与顶板的焊接连接抗疲劳性能更优,但目前双面焊及双面全透熔焊实际应用较少。

三种焊接接头形式的 9 组疲劳试验数据　　　　表 2-7

接头形式	疲劳次数
单面焊 75%	58754;321289;94785　　　　(开裂)
双面焊 50%	173165;832920;386018　　　(开裂)
全熔透焊	5019712;5012355;5036982(无裂纹)

3. 加劲肋的连接

钢箱梁加劲肋现场拼装连接方式有焊接和螺栓连接两类,如图 2-13 和图 2-14 所示。大量疲劳试验研究结果表明,加劲肋采用螺栓连接的疲劳强度大于焊接,由于现场焊接方便,所以焊接在钢桥中应用较多。

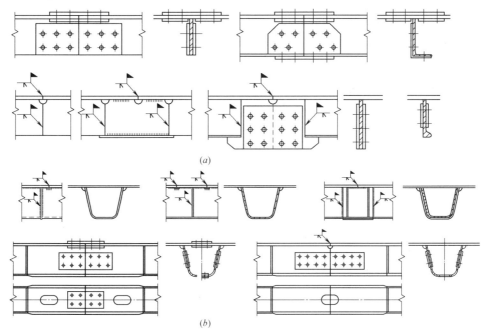

图 2-13 加劲肋的工地连接

(a) 开口纵肋工地连接构造;(b) 闭口纵肋工地连接构造

 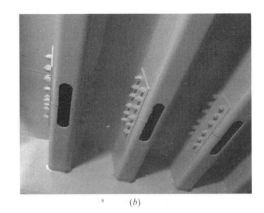

(a) (b)

图 2-14 顶板 U 肋连接实景

(a) 顶板 U 肋焊接接头；(b) 顶板 U 肋螺栓连接接头

4. 加劲肋应用原则

加劲肋的主要应用有顶板纵向水平加劲肋、底板纵向水平加劲肋、腹板横向及纵向加劲肋、支座支撑处加劲肋等。

(1) 顶板纵向水平加劲肋

1) 主梁整体抗弯，将截面弯矩转换为顶底板轴力，正弯矩区域顶板受压，依靠纵向加劲肋解决顶板局部稳定问题，且在负弯矩区域提高受拉面积。

2) 纵向加劲增加了桥面板局部刚度，更好地保证了桥面铺装的耐久性。

3) 满足竖向传力的需要，将二期恒载及活载传至隔板、顶板及顶板纵肋形成的体系。

(2) 底板纵向水平加劲肋

1) 主梁整体受弯时承受底板轴力和弯矩，正弯矩区域底板受拉，底板加劲肋增加受力面积，减小活载疲劳应力幅，负弯矩区域底板受压时，纵向加劲肋可解决底板局部稳定问题。

2) 运输、施工期间应保证底板的面外刚度，运营期间应减小底板的面外振动效应。

(3) 腹板横向及纵向加劲肋

腹板横向及纵向加劲肋可解决腹板抗剪局部稳定问题。高厚比是受弯主梁腹板的控制指标，钢箱梁抗剪很少控制设计参数，一般由腹板的稳定控制设计，通过纵腹板加劲肋的设置，使腹板抗剪承载力不被稳定性条件所限制，尤其是大跨径钢箱梁，抗剪要求的厚度并不高。当腹板高厚比大时需要足够的横向及纵向加劲肋来保证腹板的稳定。采用增加腹板厚度来满足纵腹板的稳定要求是不经济的，常规做法还是采用在满足抗剪需要厚度的同时配置纵向加劲肋来保证腹板的稳定。

(4) 支座支撑处加劲肋

通过计算支座支撑处加劲肋的局部承压及竖向应力，使支座处横梁腹板在支座位置所受集中力以受压短柱方式得到快速扩散，保证局部稳定。

2.2.4 顶板系统设计

1. 顶板系统构造

钢箱梁顶板系统包括顶板和顶板纵向加劲肋，为正交异性钢桥面板的组成部分。正交异性钢桥面板由顶板、纵向加劲肋（腹板）、横肋（隔板）组成，构造如图 2-15 所示，直接承受车轮荷载作用，构造复杂、焊缝多，是使用期间出现病害最多、病害最严重的构件，在构造设计、加工制作上应重点关注。

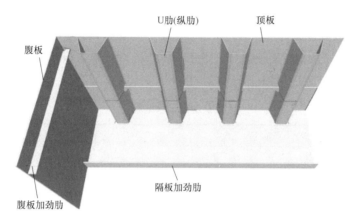

图 2-15 正交异性钢桥面板构造

2. 顶板设计原则

顶板厚度由结构受力计算中的应力控制取值，不低于《公路钢结构桥梁设计规范》JTG D64—2015 第 8.2.1 条最小厚度的规定，当跨径较大时，为提高材料利用率，可将顶板设置为变厚度，支点位置处顶板进行加厚处理，加厚段长度依据结构第一、二体系的计算结果综合判定。顶板加厚存在不同板厚的对齐方式及过渡处理，顶板变厚时采用外表面对齐方式的情况下，顶板铺装层可保证一致，便于施工控制，而顶板采用内表面对齐方式时，配合底板变厚内对齐设置，有利于保证内部加劲肋尺寸的一致性，便于制造、安装及加劲肋的连接，顶板不同厚度板件拼接过渡段坡比不大于 1∶8。

3. 顶板加劲肋设计原则

顶板系统要保证桥面板局部刚度，就必须均匀布置纵向加劲肋，加劲肋可以采用 U 肋、T 肋、板肋、L 肋、球扁钢肋等。顶板加劲肋主要作用如下：

（1）与顶板共同受力，是对顶板受力面积的有益补充，保证结构强度；

（2）提高跨中受压顶板的纵向受力局部稳定性；

（3）增大顶板局部刚度从而提高铺装的耐久性，减小支点上方疲劳应力幅。

由于钢桥面板不同横向位置所受外界荷载不同，所以设计时应选用不同形式的加劲肋。国内众多研究表明，采用 U 肋加劲的钢桥面板承载能力最高，在现有桥梁设计中，考虑到车行道区域受力较大，顶板纵向加劲肋都采用U肋，受力较小的翼缘处常选用板肋或T肋，使结构受力及造价更合理。

因U肋抗弯刚度大，采用U肋的横（肋）隔板间距可更大，通常取为3m，采用板肋和T肋的横隔板间距需控制在2m以内，横隔板个数的减少在一定程度上降低了钢材用量和施工复杂性。U肋因弯曲制造困难大都用于直线或大曲率半径（>300m）的桥梁，小曲率半径的顶板加劲一般采用板肋或T肋，由于T肋与横隔板连接构造易出现疲劳问题，日本、德国已很少采用，但目前我国仍在使用。实际工程中，顶板U肋常见设计构造参数：高度280mm，板厚8mm，上口宽300mm，下口宽170mm，间距600mm，U肋边缘距离腹板不小于150mm。

4. 桥面板设计原则

对于正交异性钢桥面板设计，由于其构造相对复杂，验算项目较多，因此必须满足表2-8所列规范要求。

顶板系统设计规范条文　　　　表2-8

序号	规范		关注内容
	名称	条目	
1	《公路钢结构桥梁设计规范》JTG D64—2015	8.2.1	板件最小厚度
2		5.1.5	加劲肋宽厚比
3		8.2.3-3	顶板与闭口加劲肋刚度匹配
4		8.2.3-1	加劲肋间距布置
5		8.2.3-2、8.2.3-4、8.2.3-5	加工、构造要求
6		5.1.6-2	顶板受压区，纵横向加劲肋的相对刚度匹配
7		8.2.5	顶板在车辆荷载作用下的挠跨比
8	《公路钢桥面铺装设计与施工技术规范》JTG/T 3364-02—2019	3.2.2	顶板在荷载作用下的刚度指标

对于部分规范条目进行如下探讨：

（1）《公路钢结构桥梁设计规范》JTG D64—2015第8.2.1条规定：行车道部分的钢桥面板顶板厚度不应小于14mm，加劲肋的最小板厚不应小于8mm；人行道部分的钢桥面板顶板厚度不应小于10mm。

自正交异性钢桥面板应用至今，疲劳和铺装层损伤问题依然普遍存在，对于顶板厚度的规定就是为了保证钢桥面板具有足够的刚度，减少荷载作用下的变形。美国规范规定顶板最小厚度不小于15.8mm或不小于腹板较大间距的4%；日本道路桥示方书规定：车行道区域顶板厚度不小于12mm，人行道区域顶板厚度不小于10mm；欧洲规范推荐顶板厚度≥加劲肋腹板间距/25，加劲肋腹板间距≤300mm；邓文中院士根据多座桥梁的实践经验提出，推荐顶板厚度≥加劲肋腹板间距/24，经多座桥梁验证，使用效果良好。根据统计的数据库资料可知，钢箱梁顶板厚度都不小于16mm。

（2）《公路钢结构桥梁设计规范》JTG D64—2015 第8.2.5条及《公路钢桥面铺装设计与施工技术规范》JTG/T 3364-02—2019 第3.2.2条规定，为避免由于钢桥面板局部刚度不足引起桥面铺装过早产生疲劳裂纹等病害，补充了影响桥面铺装使用寿命的刚度要求，通过有限元计算，针对车轮荷载最不利布载作用，对顶板上变形的最小曲率半径 R、纵向加劲肋间相对挠度 D 以及相对挠跨比 D/L 三项指标进行了评价，其中最小曲率半径 R 和纵向加劲肋间相对挠度 D 按《公路钢桥面铺装设计与施工技术规范》JTG/T 3364-02—2019 附录A计算获得，三项指标应满足表2-9的规定。

正交异性钢桥面板刚度要求　　　　表2-9

刚度指标	单位	技术要求
最小曲率半径 R	m	≥20
纵向加劲肋间相对挠度 D	mm	≤0.4
相对挠跨比 D/L		1/700

注：以上指标的有限元计算，只需建立裸板模型，不必模拟铺装层，此部分的计算是顶板加劲肋的间距、板厚、高度取值的重要依据。

5. 顶板常见病害及解决方案

顶板系统直接承受二期恒载和车轮等交通荷载作用，最普遍的病害为疲劳开裂和铺装耐久性问题，也是当前钢箱梁研究的热点。据实桥统计数据，正交异性钢桥面板的典型疲劳易损部位及主要疲劳类型和构成如图2-16、表2-10所示。

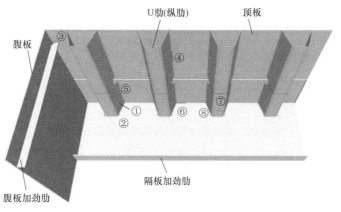

图2-16 正交异性钢桥面板典型疲劳易损部位示意图

正交异性钢桥面板典型疲劳易损部位及比例　　　　表2-10

编号	位置	比例（%）
①	纵肋与横肋（隔板）焊缝	0.9
②	纵肋与横肋（隔板）焊缝（含开孔部位）	38.2
③	顶板与竖向加劲肋焊缝	31.5
④	顶板与纵肋焊缝	18.9

续表

编号	位置	比例（%）
⑤	纵肋现场接头过焊孔焊缝	0.6
⑥	顶板与横肋（隔板）焊缝	2.3
⑦	纵肋对接焊缝	5.7
⑧	纵肋与边横隔板焊缝	1.7

与混凝土桥面板相比，正交异性钢桥面板刚度小，且刚度分布不均匀，在承受较大的车辆荷载循环作用下，局部变形大，连接位置不可完全消除的焊接缺陷容易导致疲劳损伤和裂纹。荷载应力幅和疲劳强度等级的变化，对疲劳寿命的影响大。同时，在设计构造和加工制造上借鉴以下做法，在一定程度上也能改善顶板的抗疲劳性能：

（1）适当提高顶板厚度和铺装层刚度，但单纯增加板厚并不能从根本上解决疲劳问题，还增加了用钢量。

（2）改善板件连接构造细节

1）确保闭口加劲肋与顶板焊缝熔深不小于加劲肋厚度的80%，焊缝有效喉高不小于加劲肋厚度。

2）国外研究提出一些新型顶板与纵肋焊接构造：镦边U肋构造、大焊脚焊缝构造、U肋双面焊接构造等，焊接细节如图2-17所示。焊接机器人自动化焊接技术能实现U肋内外同时施焊，现场作业场景如图2-18所示。

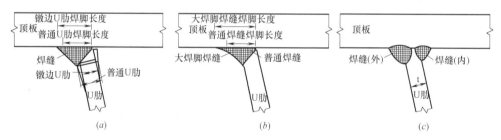

图2-17 新型顶板与纵肋焊接构造细节示意图

（a）镦边U肋构造细节；（b）大焊脚焊缝构造细节；（c）U肋双面焊接构造细节

图2-18 焊接机器人在U肋内部施焊作业场景

3）对易疲劳的纵肋与横肋（隔板）连接构造，国内外学者从构造细节和焊后处理工艺提出了多种改善该部位疲劳性能的方法，包括更合理的横肋开孔形式；进行焊缝焊后细部处理，如打磨圆滑处理等；通过在横肋平面位置、纵肋内部焊接小隔板形成内肋式构造，改善局部刚度突变引起的疲劳。

4) 纵肋对接焊缝的疲劳问题，对于闭口加劲肋，由于内部焊缝质量不便控制，且难以检查，更易出现疲劳断裂，闭口加劲肋可采用高强度螺栓连接，不但易于控制质量，而且便于拼接板的维修和更换。

2.2.5 底板系统设计

1. 底板系统构造

钢箱梁底板系统包括底板及底板加劲肋，由于底板不受车轮直接作用，纵向上第一体系应力占优，底板厚度及底板纵向加劲肋作用可弱化，但由于连续梁全桥弯矩正负交替，对于支点附近区域需要保证受压局部稳定，加劲肋刚度及间距需要控制；跨中受拉区域保证强度及满足第一体系活载疲劳要求即可，加劲肋不必密集布置，但为了加工及连接便利，全桥底板纵向加劲肋仍采用等间距布置。底板钢板纵向连续布置，横向可分块或者连续布置，板厚通过计算确定。当跨径较大时，为了提高材料利用率，降低用钢量，底板设置为变厚度，支点位置处底板进行加厚处理。

2. 底板加劲肋设计

由于底板不直接承受车轮荷载作用，底板加劲肋往往弱于顶板加劲肋，可采用等间距布置的 U 肋、T 肋、板肋、L 肋、球扁钢肋等类型，底板加劲肋的主要作用为：对连续底板受力面积进行补充，增强强度；保证支点受压底板的纵向受力局部稳定，跨中受拉底板减小疲劳应力幅及施工安装时底板抵抗面外变形。

不同受力位置底板加劲肋的设计：

（1）受拉处底板

受拉处底板区域不需要设置加劲肋，满足规范规定的宽厚比不大于 80，保证受拉底板在加工制作、运输安装过程中不出现面外过大变形和损伤即可，作为受拉构件时底板加劲肋不与隔板焊接。底板加劲肋参与底板受拉作用，由于剪力滞底板纵向加劲肋不能完全计入受力面积，按照跨径对箱式宽度折减。

（2）受压处底板

受压处底板区域需要设置纵向加劲肋，纵向加劲肋的刚度不应过小，纵向加劲肋间距也影响着加劲效果，减小底板宽厚比可保证底板局部稳定；加劲肋的刚度、间距和隔板的间距控制着加劲肋的计算参与面积；受压底板纵向加劲肋必须与隔板焊接，计算长度取为隔板间距，否则取为整联计算长度。

（3）连续钢箱梁为了保证加劲肋构造连续，受拉、受压处底板区域采用同样的加劲肋布置。

目前，我国仍有大量桥梁设计采用 U 肋、T 肋，而在日本不论直线桥梁还是曲线桥梁，钢箱梁底板几乎全部采用板肋。根据底板受力特性，在底板受拉处采用板肋，在底板受压处，板肋顶上焊接板件形成 T 肋，从而增加底板的受压稳定性，也是一种较为经济的做法。

2.2.6 跨间横隔板系统设计

1. 跨间横隔板系统构造

由于活载的偏心加载作用和轮载直接作用于钢箱梁顶板上，使得钢箱梁截面发生如图 2-19 所示的畸变和横向弯曲变形，为了减小钢箱梁的这种变形，防止过大的局部应力及保证结构整体稳定，需要在钢箱梁的跨间和支点处设置横隔板。

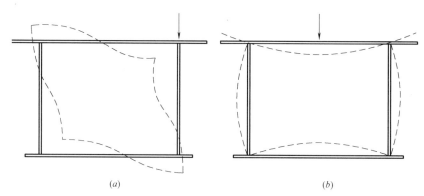

图 2-19 钢箱梁畸变及横向弯曲变形

（a）畸变；（b）横向弯曲变形

跨间横隔板分为实腹式横隔板、框架式横隔板、桁架式横隔板三种形式，由横隔板的开口率 ρ 定义（开口面积/横隔板外围面积），三种结构形式如图 2-20 所示，结构特点见表 2-11。

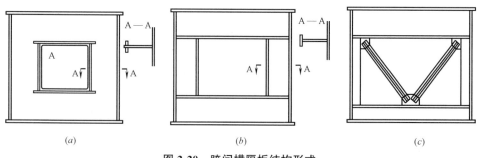

图 2-20 跨间横隔板结构形式

（a）实腹式；（b）框架式；（c）桁架式

跨间横隔板结构特点　　表 2-11

横隔板类型	类型判断	适用范围	受力特点
实腹式	$\rho<0.4$	截面尺寸较小的钢箱梁，制作方便，应用最广	受剪为主
框架式	$0.4<\rho<0.8$	与实腹式横隔板共同使用，交错布置，应用广泛	考虑轴力和抗弯
桁架式	$\rho>0.8$	截面尺寸较大的钢箱梁，可减轻横隔板自重	可简化为轴心受拉或受压杆件

跨间横隔板的主要承载作用如下：

(1) 支撑顶板系统形成第二体系，是顶板正交各向异性系统的横向加劲肋；

(2) 抵抗偏载作用下的畸变和车辆荷载作用下的横向弯曲变形，保持截面形状的稳定；

(3) 起嵌固作用，控制焊接变形；

(4) 在节段运输、吊装过程中，对不闭合截面受力进行保护；

(5) 有效分配荷载作用，使主梁受力均衡；

(6) 与主梁、桥面系统及底板系统一起抵抗水平恒载和扭矩。

为方便人员进入箱室进行焊接、检查、防腐处理等工作，跨间横隔板必须开设人孔，保证钢箱梁的可通达性，人孔宽度和高度分别不小于400mm和600mm，跨间横隔板受力较小，其应力基本不控制设计。

2. 跨间横隔板布置参数设定

跨间横隔板是正交各向异性板的重要组成部分，其布置方式主要由横隔板类型、横隔板间距、横隔板刚度确定。

(1) 横隔板类型由梁高、纵腹板间距确定，中小跨径梁高不大，纵腹板间距也不大，布置成桁架式横隔板不具备相应的角度，应采用构造最简单的实腹式或框架式横隔板，大跨径桥梁具备布置成桁架式横隔板需要的高度与宽度，桁架杆件角度合适，可根据高度空间设置成V形或者X形、双X形。

(2) 横隔板间距应通过计算确定，确保顶板第二体系应力水平处于合理区间，以使得两个体系相加后可控。《公路钢结构桥梁设计规范》JTG D64—2015第8.5.2条条文说明规定：对于跨径不大于100m的普通钢箱梁，横隔板间距L_D满足以下要求：

$$\begin{cases} L_D \leqslant 6\text{m} & (L \leqslant 50\text{m}) \\ L_D \leqslant 0.14L - 1 \text{ 且} \leqslant 20\text{m} & (L > 50\text{m}) \end{cases}$$

其中L为桥梁等效跨径（m）。

规范中的横隔板间距控制范围比较宽泛，参考国内工程经验和地方标准，钢箱梁横隔板间距应满足以下要求：

1) 顶板采用闭口加劲肋的钢箱梁横隔板间距不宜大于4m；

2) 顶板采用开口加劲肋的钢箱梁横隔板间距不宜大于3m。

(3) 横隔板需满足《公路钢结构桥梁设计规范》JTG D64—2015第8.5.2条第1款的刚度要求，保证抗畸变能力，采用组合式横隔板布置，间隔布置实腹式横隔板和框架式横隔板，或桁架式横隔板和框架式横隔板，保证第二体系与刚度结果满足要求的同时，还需按照《公路钢结构桥梁设计规范》JTG D64—2015第8.5.2条第1款进行应力验算，其中框架式横隔板中顶、底部横隔板高度的设计，在构造上参考欧洲规范对于铁路桥梁的构造要求，对于开口加劲肋，横隔板高度不小于加劲肋高度的2倍，对于闭口加劲肋，横隔板高度不小于加劲肋高度的 2.5 倍，从而保证横隔板对纵向加劲肋具有足够的支撑刚度，以提高开孔处的疲劳性能防止开裂。

2.2.7 支点横隔板系统设计

1. 支点横隔板系统构造

支点横隔板作为特殊类型的横隔板，在具备跨间横隔板功能的同时，也是主梁传递扭矩的重要构件。实腹式横隔板包含横隔板、横隔板水平加劲肋、竖向加劲肋以及支点位置处的加强支撑构造，具有如下特性：

（1）支点横隔板支撑主梁纵腹板，跨间横隔板被纵腹板支撑，加载时跨间横隔板采用局部影响线，而支座横隔板采用全跨影响线，跨间横隔板的活载就是局部的轮载效应，而支座横隔板的活载则是整跨活载的累计。

（2）支点横隔板受剪作用力是整跨荷载，所有纵腹板的剪力传至支座横隔板，再由支座横隔板横向传递到支座。

（3）支座横隔板在支座支撑处存在较大集中力，必须设置竖向加劲肋加以扩散，保证局部稳定，加劲肋尺寸和数量根据支座大小和受力、变形情况确定。支撑加劲肋的高度由支撑加劲肋两侧的焊缝确定，将竖向力通过焊缝扩散到横隔板上。如果有条件不与顶板加劲肋冲突时，可将其延伸至顶板，这样支撑加劲肋受压柱的边界约束更强，稳定性更好。

（4）支撑加劲肋布置在支座钢垫板范围内，将局部应力扩散，支座加劲板能发挥较大作用。支座加劲板与底板磨光顶紧后焊接，有效发挥支座加劲板作用，支撑加劲肋与横隔板及底板采用开坡口熔透焊接。

（5）支座横隔板受力行为是深梁模式，构造性梁高取值能满足规范要求，多车道箱梁两个支座布置的横隔板是受力横隔板，该横隔板的梁高由支座间距确定，受力横隔板的梁高会在纵向上不匹配，可局部加高。

（6）钢箱梁支座横隔板也要设置人孔，满足进入箱室进行焊接、检查、防腐处理等工作的空间需求，人孔宽度和高度不小于 400mm×600mm。

（7）支座横隔板也根据腹板高厚比设置腹板加劲肋，支座横隔板也可作为横向受力的钢梁设计。

（8）支点横隔板与底板应全熔透焊接。

2. 设计重点

支点横隔板系统设计规范条文见表 2-12。

支点横隔板系统设计规范条文　　表 2-12

序号	规范		关注内容
	名称	条目	
1	《公路钢结构桥梁设计规范》 JTG D64—2015	8.5.1	横隔板与底板全熔透焊接
2		5.3.4	横隔板与加劲肋的强度验算

支点横隔板系统设计内容主要是确定支点横隔板与纵腹板的连接构造形式及板厚。

(1) 支点横隔板与纵腹板的连接构造

当两个板件相交时，选择哪块板件为整板及哪块板件断开的问题应遵循的原则是综合考虑结构受力体系，保证主受力板件的连续性，次要受力板件可断开。对于多箱单室钢箱梁，整桥为纵向受力体系，连接单个钢箱的横梁受力较小，设计中采用横隔板（肋）断开，保证纵腹板连续；对于单箱多室钢箱梁，传力路径为横隔板支撑纵腹板，形成横梁受力体系，所以应保证支点横隔板连续，中间纵腹板断开，这样对结构受力更有利。但目前工程设计中，由于加工方便，且横隔板与纵腹板全熔透焊接能保证横隔板的受力性能，因此采用纵腹板连续通过而横隔板断开的设计较多。

(2) 支点横隔板板厚的选取

该板厚的确定是按横隔板与加劲肋作为承受支点反力的支撑加劲肋强度验算控制，依据《公路钢结构桥梁设计规范》JTG D64—2015 第 5.3.4 条中的规定有：

$$\gamma_0 \frac{R_\mathrm{V}}{A_\mathrm{S}+B_\mathrm{eb}t_\mathrm{w}} \leqslant f_\mathrm{cd} \tag{2-1}$$

$$\gamma_0 \frac{2R_\mathrm{V}}{A_\mathrm{S}+B_\mathrm{ev}t_\mathrm{w}} \leqslant f_\mathrm{c} \tag{2-2}$$

公式 (2-1) 是对横隔板及支撑加劲肋局部承压强度验算，用端面承压强度 f_cd 来控制；公式 (2-2) 是考虑横隔板及支撑加劲肋在竖向集中荷载作用下的稳定验算，由于支撑加劲肋刚度较大，长度较短，将横隔板和支撑加劲肋简化为受压短柱进行稳定验算。由于支撑加劲肋与顶板加劲肋的冲突，不能达到顶板形成良好的约束，故按下端嵌固而上端自由的受压构件计算长度系数取 2.0，板的稳定强度的设计采用钢材抗压设计强度 f_c 控制。

2.2.8 端封横隔板系统设计

为了保证箱室内部涂装具有防腐性和耐久性，要求箱梁内部密封，隔绝空气、水汽，两侧端部设置端封横隔板。端封横隔板的设计板厚和加劲肋可以按照跨间实腹式横隔板的板厚和加劲梁取值，加劲肋采用箱式内单边布置。

2.2.9 腹板系统设计

1. 腹板系统构造

腹板布置形式有直腹板和斜腹板，对于多箱单室钢箱梁桥，箱室宽度不大，常采用直腹板；对于单箱单室、单箱多室等截面形式，（边）腹板在控制了桥面悬臂板长度的同时，也减小了底板的宽度，经济性更佳，可获得较好的外观效果。

腹板系统包括纵腹板及其加劲肋，是箱梁承剪的主要构件。目前腹板趋向于更高、更薄，较大的高厚比使得腹板的稳定问题突出，且腹板受力也较为复杂，不但要承受剪力和扭矩产生的剪应力，还要承受弯矩产生的弯曲应力，对于腹板及其加劲肋的设计是工程师关注的问题之一。腹板的高度与厚度是受剪主要控制参数，腹板面积应满足抗剪验算要求，同时为了保证腹板的稳定，当受弯主梁腹板的高厚比过大时，需设置横向加劲肋或设置横向和纵向加劲肋，如图 2-21 所示。

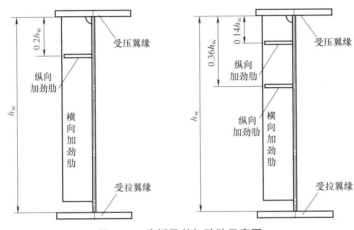

图 2-21　腹板及其加劲肋示意图

腹板加劲肋具有以下特性：

（1）加劲肋的设置对腹板抗剪不提供帮助，只保证面外稳定与刚度，使得腹板抗剪不被局部稳定控制。

（2）受弯主梁需设置横向和纵向加劲肋时，横向加劲肋的强度要高于纵向加劲肋，横向加劲肋是主体，只需在受压侧设置纵向加劲肋。由于钢箱梁成桥时正负弯矩交替，或顶推施工的钢箱梁施工期间主梁正负弯矩一直变化，为了简化制造，顶底板的上下缘均布置纵向加劲肋来适应正负弯矩的交替。

（3）纵向加劲肋没有受力要求，不必要求在横向加劲肋处连续通过，即使连续通过时也不与横向加劲肋焊接；制造上纵向加劲肋与纵腹板采用自动预先焊接好，此时再焊接纵向间距很小的横向加劲肋与纵向加劲肋容易产生收缩裂纹。

（4）横向加劲肋是否与顶底板相连，可采用两种做法：1）欧洲规范：顶底板均相连，有助于避免腹板面外微小变形导致断开点处的疲劳开裂。2）日本构造设计：受压区域内相连，受拉区域内不相连，正负弯矩交替时均不连，且错开 50mm 左右。

2. 腹板加劲肋设计原则

腹板加劲肋包括横向加劲肋和纵向加劲肋，横向加劲肋在保证刚度要求的同时，其间距不大于 1.5 倍的腹板高度，并控制在 2m 以内。当采用间隔式纵向加劲肋时，纵向加劲肋仅在受压翼缘侧设置。对于连续梁桥，由于活荷载或顶推施工引起弯矩正负交替，在腹板上下侧均设有纵向加劲肋，纵向加劲肋高度和厚度的设计要满足受压加劲肋尺寸和刚度的要求。

小跨径钢箱梁腹板横向加劲肋可采用板肋，大跨径梁高较大腹板为节省横向加劲肋钢材可采用抗弯刚度更大的 T 肋，纵向加劲肋采用板肋。对于不同受力性质的主梁，腹板纵向加劲肋的构造也不同。

(1) 梁桥

主梁腹板以受弯为主，按照高厚比，在受压侧设置纵向加劲肋，此时横向加劲肋是主要加劲肋，横向加劲肋设置为整板，纵向加劲肋可做断开处理。

(2) 斜拉桥

腹板是压弯构件，以受压为主，按照受压构件设置腹板纵向加劲肋，纵向加劲肋为受力构件，应保证连续，不宜断开。

(3) 拱桥

腹板为拉弯构件，可以按照梁式桥或略低于梁式桥的腹板纵向加劲肋设计要求设计。

3. 规范要求

规范对于腹板的设计要求是基于剪力和最小厚度，最小厚度是根据腹板高度及其纵向和横向加劲肋的构造形式按表 2-13 控制。

腹板最小厚度　　　　　　　　　　　　　　表 2-13

构造形式	钢材品种		备注
	Q235	Q345	
不设横向加劲肋及纵向加劲肋时	$\dfrac{\eta h_w}{70}$	$\dfrac{\eta h_w}{60}$	
仅设横向加劲肋，不设纵向加劲肋时	$\dfrac{\eta h_w}{160}$	$\dfrac{\eta h_w}{140}$	
设横向加劲肋和一道纵向加劲肋时	$\dfrac{\eta h_w}{280}$	$\dfrac{\eta h_w}{240}$	纵向加劲肋位于距受压翼缘 $0.2h_w$ 附近，如图 2-21 所示
设横向加劲肋和两道纵向加劲肋时	$\dfrac{\eta h_w}{310}$	$\dfrac{\eta h_w}{310}$	纵向加劲肋位于距受压翼缘 $0.14h_w$ 和 $0.36h_w$ 附近，如图 2-21 所示

注：1. h_w 为腹板计算高度，对焊接梁为腹板的全高，对铆接梁为上、下翼缘角钢内排铆钉线的间距。
　　2. η 为折减系数，$\eta=\sqrt{\tau/f_{rd}}$，但不得小于 0.85。τ 为基本组合下的腹板剪应力。

对于腹板加劲肋的验算相对复杂，腹板设置横向加劲肋的目的是防止腹板的剪切失稳，设置纵向加劲肋的目的是防止腹板在弯曲压应力作用下的压弯失稳，横向加劲肋应满足《公路钢结构桥梁设计规范》JTG D64—2015 第 5.3.3 条对其刚度和间距的要求，纵向加劲肋不但要满足受压加劲肋相关的尺寸和刚度要求，还应满足作为腹板加劲肋对于其惯性矩的最小规定。

4. 设计方法或构造探讨

(1) 纵向腹板应避开行车轮迹线

《公路钢结构桥梁设计规范》JTG D64—2015 第 8.4.3 条规定：纵向腹板应避开行车轮迹线，宜设置在车道中部或车道线处。由于纵向腹板的刚度较大，荷载作用下腹板两侧桥面板下挠会导致腹板上方的铺装出现明显的应力集中，产生横向裂缝。研究表明，车辆轮迹中心线与腹板间距 0.6m 以上时，应力集中不明显，设计中应予以避免。车辆荷载横向布置如图 2-22 所示，将腹板设置在两个车道中间的车道线上，车辆的轮迹中心线距离腹板大于 0.6m。

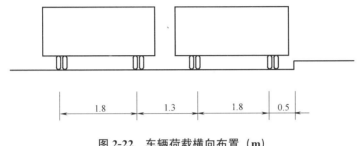

图 2-22 车辆荷载横向布置（m）

（2）腹板与顶底板的连接

对腹板与顶底板的焊接连接的设计，国内外设计人员认识并不一致。目前仍有很多桥梁设计采用全熔透焊接，认为全熔透的板件受力性能更好，腹板与顶底板是主要受力构件，全熔透焊接是首选。但从受力的角度来看，腹板与顶底板之间的焊缝主要承受水平剪力，应采用角焊缝连接，对于支持角焊缝连接的设计师有以下几点理由：

1）全熔透焊接对工艺要求严格，板件焊接变形大、对顶底板损伤大、残余应力大，为Ⅰ级焊缝，需要进行超声波检测，一旦出现问题，需要返工进行重新焊接，处理麻烦，对板件损伤较大；

2）在钢箱梁的焊接连接的病害中，无论采用全熔透焊接还是采用角焊缝连接，腹板与顶底板的连接都很少出现问题，采用相对简单容易的角焊缝连接更有利于加工；

3）在港珠澳大桥上，钢腹板与顶底板的连接也未采用全熔透焊接，而采用坡口角焊缝连接。

综上所述，针对腹板与顶底板角焊缝连接设计上的共识为：

1）当腹板厚度小于 16mm 时，采用两侧角焊缝连接，因腹板厚度不大，设计时可以采用等强度原则确定角焊缝尺寸，如要精确计算的话，可根据全桥不同的位置和不同的受力特性来确定每个区域的角焊缝尺寸。

2）厚度大于等于 16mm 的纵腹板，为了减少焊缝材料用量，采用双向开坡口角焊缝，如厚度 24mm 的纵腹板可设置 9mm 剖口的 4mm 角焊缝。

此外，也可参考《公路钢结构桥梁设计规范》JTG D64—2015 第 7.2.3 条，对于钢板梁的腹板和上下翼缘板的连接，采用角焊缝，要求腹板两侧有效焊缝厚度之和应大于腹板厚度,当然,也可选择全熔透焊缝。

2.2.10 挑梁系统设计

挑梁系统设计,即翼缘板设计,包括悬臂顶板及其纵、横向加劲肋。挑梁作为箱室外部横向构件,在承受纵向弯矩的同时,在横向也承受负弯矩作用,需要设置纵、横向加劲肋来保证其强度和稳定的要求。挑梁系统的设计主要是解决好挑梁间距、挑梁长度、挑梁根部高度等问题。

(1) 挑梁间距由挑梁纵向加劲肋确定,与隔板相对应,隔板处必定对应着一个挑梁,挑梁顶板加劲肋类型的选取应根据顶面的荷载情况而定,如果承受车辆荷载,则采用 U 肋,相应挑梁间距可取到 3m,如果承受人群荷载,则采用板肋,相应挑梁间距不超过 2m。

(2) 挑梁长度在箱室划分时拟定,结合纵向跨度、加劲肋类型、横向间距和交通状况综合考虑。小跨度挑梁长度尽量不要过宽,大跨度挑梁可做宽,相应剪力滞效应减小。

(3) 挑梁根部高度由挑梁长度确定。挑梁为局部构件,采用车辆荷载进行加载计算。

挑梁受负弯矩,倒 T 形底板是受压板,需要在纵腹板相应位置的箱室内部设置受压对顶板,应根据计算确定其厚度;根据挑梁影响线范围内的荷载计算出对顶板的压力,该压力由两条焊缝抗剪承受,确定顶板的板厚与长度时,保证受压对顶板的宽厚比小于 12。挑梁翼缘板作为直接承受桥面荷载的一部分,承受车辆荷载作用,不仅需要满足《公路钢结构桥梁设计规范》JTG D64—2015 第 8.2 节正交异性钢桥面板要求的翼缘板板厚及加劲肋的规定,还需要满足《公路钢结构桥梁设计规范》JTG D64—2015 第 8.3 节对翼缘板的设计要求。根据《公路钢结构桥梁设计规范》JTG D64—2015 第 8.3 节各条文的条文说明,对于钢箱梁主梁负弯矩区段,设计可放宽对于翼缘板纵、横向加劲肋刚度和间距的要求,但设计时,为了制造加工方便,常采用与受正弯矩区相同的加劲肋布置方式。另外,在进行翼缘板设计时为满足设计强度和施工要求,还应考虑以下因素:

(1) 截面内力计算应考虑有效分布宽度影响;

(2) 确保受压翼缘板的屈曲强度,为避免焊接残余应力和焊接变形,应增加板厚,减少加劲肋数量;

(3) 如考虑养护过程中设置的施工脚手架,则下翼缘宜伸出腹板外侧 100~150mm;如不考虑脚手架施工,则下翼缘宜伸出腹板外侧 15~20mm,方便腹板与底板焊接连接;

(4) 钢箱梁不同厚度钢板对齐方式的选择,根据桥梁实际情况,综合考虑板件标准化、施工架设、桥面铺装等因素选取。板件内侧对齐有利于实现中间横隔板及加劲肋大样的标准化;而板件外侧对齐,如顶板外侧对齐可保证铺装层厚度一致，底板外侧对齐对于采用顶推施工的桥梁施工更有利。

2.3 钢箱梁结构设计计算内容

2.3.1 钢箱梁结构体系传力途径

钢箱梁是由顶板、底板、腹板、横隔板及各类加劲肋组成的空间薄壁结构，在荷载作用下受力复杂，对其受力体系的分析首先要明确传力路径。如图 2-23 所示，交通荷载通过桥面板传递给其下支撑的纵向加劲肋，纵向加劲肋通过与其交错布置的横隔板（肋）将力传递给纵梁（腹板），纵梁将力传递给支点横梁，进一步传递到支座。正交异性钢桥面板结构受力行为非常复杂，将其结构受力划分为以下三个体系：

（1）第一体系：将顶板和加劲肋视为主梁截面中的组成部分（上翼缘），直接参与主梁的变形与内力分配，为主梁的横截面刚度做出贡献，称为主梁体系。

（2）第二体系：由纵横向加劲肋和顶板组成，支承在主梁与横梁上，将桥面顶板视为纵横向加劲肋截面的一部分（上翼缘），在整个结构中"承上启下"，作用在桥面上的荷载通过这一体系进行分散并传递至横梁与主梁，被视为桥面体系。

（3）第三体系：将桥面顶板视作连续板，车轮荷载通过这个多点支承的板件进行分散，并传递到其下布置的纵横向加劲肋上，称为盖板体系。

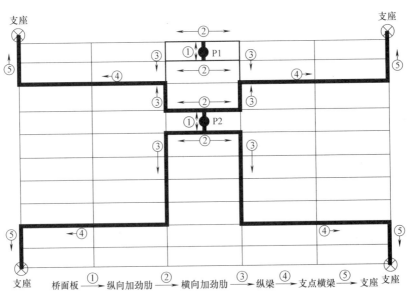

图 2-23 钢箱梁传力路径示意图

2.3.2 设计计算流程

在汽车荷载偏载作用下，钢箱梁四种基本受力状态为纵向弯曲、横向弯曲、扭转及畸变。纵向弯曲和扭转组合作用在横截面上将产生纵向正应力和剪应力，横向弯曲和扭转组合将在箱梁各构件中产生横向弯曲应力与剪应力。根据常规钢箱梁结构受力特点，对其计算流程进行梳理如下：

（1）根据跨径、宽度、平面形状确定梁高、箱室划分、顶底板加劲肋类型及尺寸参数后进行第一体系计算，包括：主梁刚度验算；压重、支反力、抗倾覆验算；考虑剪力滞及受压局部稳定后的第一体系顶底板纵向验算结果；受拉区域疲劳验算；腹板剪应力验算；稳定验算。

（2）根据加劲肋类型和隔板间距，进行第二体系计算。

（3）顶板系统由第一体系与第二体系叠加完成验算；桥面板受拉区域进行疲劳验算。

（4）根据第一体系计算结果进行横梁受力情况分析和应力验算。

（5）跨间横隔板和挑梁上应力及刚度验算。

（6）主梁纵向加劲肋强度及刚度验算。

（7）支座位置处支撑加劲肋验算。

（8）焊缝验算。

2.3.3 第一体系计算

1. 计算荷载

（1）恒载

1）一期恒载

钢材密度为 $7850 kg/m^3$，常考虑 1.5% 的焊缝重量，在第一体系模型下横隔板及其焊缝重量以集中力方式添加。

2）二期恒载

二期恒载为人行道板、栏杆、桥面铺装、声屏障、路灯及管线等，桥面铺装以均布荷载计入，其余则为线荷载及集中荷载。

（2）温度荷载

整体温度根据《公路桥涵设计通用规范》JTG D60—2015 选取。由于我国规范对钢箱梁桥钢桥面板的温度梯度无明确的规定，设计中正温度梯度与负温度梯度可参考英国桥梁规范 BS-5400 对钢箱梁温度梯度的规定，如图 2-24 所示，其适用条件为桥面铺装 40mm 厚沥青混凝土钢桥面板。

（3）活载

汽车荷载和人群荷载根据情况按照《公路桥涵设计通用规范》JTG D60—2015 或《城市桥梁设计规范》CJJ 11—2011（2019 年版）选取，根据结构的自振频率计算汽车的冲击系数，按车道荷载予以考虑。

（4）基础沉降

基础沉降为永久荷载，对于连续梁桥的受力有影响，钢桥设计时应予以考

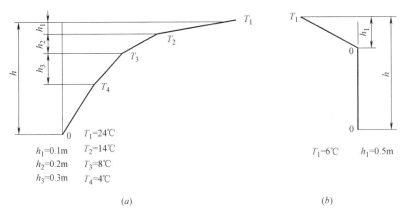

图 2-24　BS-5400 对钢箱梁温度梯度问题的规定

（a）正温差；（b）负温差

虑，综合以下几方面因素的最不利组合：

1）桥梁的地质情况，如摩擦桩的基础沉降取值可适当放大；嵌岩桩基础则可降低取小值。综合考虑地质情况，基础不均匀沉降值软土地基取 2cm，一般土基取 1cm，岩石地基取 0.5cm。

2）桥梁的跨径，对于大跨径的桥梁，应按跨径的 1/3000 取值。

3）桥梁的重要性，对于比较重要的桥梁，强迫位移要留够安全富余量，以应对一些突发情况，如抢险通道上的桥梁。

4）桥墩的高差影响，如果桥墩的高度相差较大（20m 以上），则必须考虑由于桥墩的温度荷载引起的高度差异。

2. 建模方法

钢箱梁结构为空间结构体系，相较于混凝土结构，钢箱梁板件较薄，局部稳定问题和剪力滞效应更突出，在进行实际结构分析时予以简化处理，常用方法有：空间梁单元法、梁格法、板壳单元法和实体单元法。下面对钢箱梁桥第一体系结构计算所采用的空间梁单元法、梁格法进行介绍。

（1）空间梁单元法

空间梁单元法是将结构离散成空间梁单元，求解截面的内力和变形，采用如图 2-25 和图 2-26 所示的 Midas civil 有限元软件建立梁单元模型，考虑主梁不同受力部位板件局部稳定及剪力滞的影响（见表 2-14），关注计算结果中箱梁顶底板翼缘的最大拉压应力和腹板的剪应力。

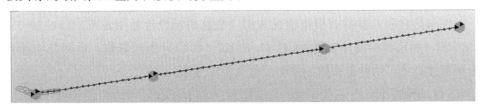

图 2-25　Midas civil 主梁线单元计算模型

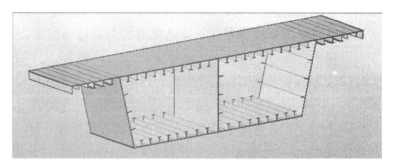

图 2-26 Midas civil 主梁单元

钢箱梁不同类型有效截面考虑因素　　　　　　　　　　表 2-14

受力类型	位置	有效截面考虑因素	
		顶板	底板
全截面受压	斜拉桥拉索区梁段	局部失稳＋剪力滞	局部失稳＋剪力滞
全截面受拉	有推力拱主梁段	剪力滞	剪力滞
正弯矩梁段	梁式桥跨中梁段	局部失稳＋剪力滞	剪力滞
负弯矩梁段	梁式桥中支点梁段	剪力滞	局部失稳＋剪力滞

（2）梁格法

梁格法是用等效格子梁模型模拟桥梁的上部结构，把实际结构中离散成板或者箱梁的抗弯刚度和抗扭刚度集中在等效梁格内，纵向刚度集中在纵向梁格构件内，横向刚度集中在横向梁格构件内。梁格法能够较好地模拟实际结构的空间受力性能（见图 2-27），适用于分析弯桥、斜桥和宽梁桥，便于计算机分析。梁格法考虑了荷载作用下结构沿纵向产生的弯曲和整体扭转，也适用于宽跨比较大的低高度扁箱梁异形桥。

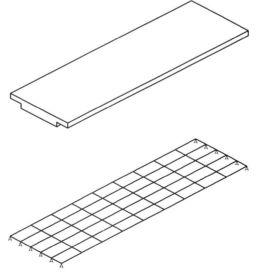

图 2-27 梁格法的离散和简化

梁格法的关键在于等效梁格与原结构的等效性，在相同荷载作用下，两者的内力和变形是否相同取决于模型划分，梁格模型的梁格划分应综合考虑以下因素：

1）为了获得每块腹板各截面的设计弯矩和设计剪力，在每块腹板处设置纵向单元。

2）梁格纵向杆件的形心高度尽量与箱梁截面的形心高度相一致，纵横杆件的中心线与原结构梁肋的中心线相重合，使腹板剪力直接由所在位置的梁格构件承受。

3）在满足精度的前提下，设置合理数量的横向单元，横向单元的间距影响着荷载在纵向单元之间的传递方式，间距过大会使等效梁格的纵向刚度失真，间距太小，会增加不必要的计算工作量。

4）纵梁抗扭刚度按照实际使纵向梁格各个断面的抗扭刚度之和等于按整体箱形断面计算的自由扭转刚度的原则设置。

2.3.4 第二体系计算

1. 计算荷载

按规范取车辆荷载，考虑多车道布置轮载的影响。

2. 建模方法

第二体系计算可借助 FEA、Ansys、Abaqus 等有限元软件建模，最简单的方式还是考虑有效宽度将桥面板进行纵横向分割，建立空间梁格模型。为了排除第一体系的影响，在纵腹板与横隔板相交位置施加边界，通过横隔板等效刚度来考虑对纵向加劲肋的支撑效果，建立五跨以上横隔板间距的整体模型（见图 2-28），按照圣维南原理，取中间跨结果作为第二体系设计结果，也可取单个纵向加劲肋进行计算，横隔板就是其边界。建模时重点关注有限元模型的边界条件、支承长度、几何非线性等因素和相关构造细节。

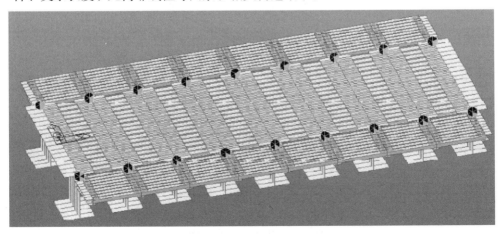

图 2-28 Midas civil 第二体系计算模型

在实际工程中，若采用 FEA、Ansys 等建立板单元钢箱梁模型（见图 2-29），分析车辆荷载作用下的第二体系效应，不可避免叠加了一定程度的第三体系分析结果。

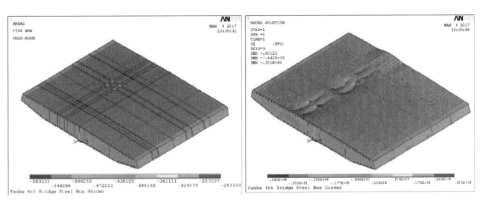

图 2-29 Ansys 第二体系有限元模型及分析

2.3.5 钢箱梁支点横隔板计算

支点横隔板作为钢箱梁重要的传力构件，对其强度、稳定、疲劳进行验算，采用 Midas civil 进行梁单元建模分析时（见图 2-30），计算流程及重点关注点如下：（1）进行顶底板有效宽度计算；（2）根据主梁体系（边界施加于腹板与支点横隔板交点处）计算恒载或活载支反力，活载支反力也可采用影响线法计算；（3）建立支点横隔板计算模型，在相应位置施加各项荷载，横向移动荷载可采用 Midas 横向加载功能施加，并且多车道可进行折减；（4）对于开人洞的支点横隔板，截面削弱较多时，建模时应予以考虑；（5）按实际支座建立边界条件；（6）对支点横隔板进行强度、稳定、疲劳等验算。

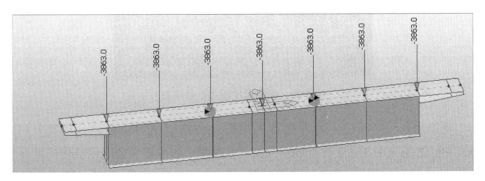

图 2-30 Midas civil 支点横隔板模型

2.3.6 钢箱梁稳定验算

1. 整体稳定

受弯构件的主要失稳模态为弯扭失稳，承重结构失稳将导致桥梁结构丧失承

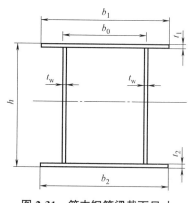

图 2-31 简支钢箱梁截面尺寸

载能力，根据《公路钢结构桥梁设计规范》JTG D64—2015 第 5.3.2 条进行稳定计算。对于简支钢箱梁，当截面尺寸（见图 2-31）满足 $h/b_0 \leq 6$，且 $L_1/b_0 \leq 65（345/f_y）$ 时，截面横向抗弯刚度和抗扭刚度较大，不会发生弯扭失稳，可不验算其整体稳定性。

若不满足上述条件，则依据《公路钢结构桥梁设计规范》JTG D64—2015 第 5.3.2 条第 2 款进行验算，须考虑钢箱梁受拉翼缘剪力滞的影响，受压区同时考虑剪力滞和局部稳定影响。

2. 局部稳定

局部失稳是指桥梁次要构件或构件中的局部板件失稳（见图 2-32），局部失稳发生后，结构不一定完全丧失承载能力。钢箱梁中局部稳定问题主要发生于受压区域的顶板系统和底板系统，依据《公路钢结构桥梁设计规范》JTG D64—2015 第 5.1.7 条进行考虑局部稳定对于板件有效截面宽度和有效截面面积的折减。

图 2-32 钢箱梁底板加劲肋屈曲

受压加劲肋局部稳定的计算首先根据《公路钢结构桥梁设计规范》JTG D64—2015 第 5.1.5 条验算加劲肋几何尺寸要求，再根据《公路钢结构桥梁设计规范》JTG D64—2015 第 5.1.6 条判断加劲肋的类型，即加劲肋是刚性加劲肋还是柔性加劲肋，当满足加劲肋尺寸要求和刚度要求时，可认为加劲肋板件弹性失稳时加劲肋不发生变形。当不满足加劲肋刚度要求时，加劲肋和翼缘板共同变形失稳，抗压承载力会降低。然后，依据《公路钢结构桥梁设计规范》JTG D64—2015 第 5.1.7 条进行受压加劲肋有效宽度和有效面积折减计算，刚性加劲肋的局部稳定效应仅考虑对母板进行折减，而柔性加劲肋考虑对母板和加劲肋进行折减。

2.3.7 钢箱梁抗倾覆验算

桥梁倾覆是一种毫无征兆下的破坏，必须避免。倾覆包含施工中的倾覆与运营下的倾覆。

（1）施工中抗倾覆

1）纵向抗倾覆

桥梁施工中桥梁合龙前处于悬臂受力时，控制纵向不平衡下的抗倾覆要求，保证抗倾覆稳定系数大于1.3。

2）横向抗倾覆

横向抗倾覆也要求抗倾覆稳定系数大于1.3。

（2）运营下抗倾覆

运营下抗倾覆验算主要保证横向抗倾覆要求，依据《公路钢结构桥梁设计规范》JTG D64—2015第4.2.2条进行计算，横向抗倾覆稳定系数不小于2.5。倾覆是因支座在荷载作用下脱空引起的，原有计算模型的边界条件状态会发生改变，引发失去平衡的倾覆。控制倾覆的设计参数和手段为：防止桥梁在最不利荷载下的支座脱空，在最不利工况下留有一定的压力贮备，通常不小于100kN，对于部分台风区域，考虑有车风力造成的影响，分别计算施工阶段与运营阶段工况。支座横向间距控制着抗倾覆能力，支座横向间距越大，抗倾覆能力越好。

2.3.8 钢箱梁疲劳验算

疲劳是由于母材原始缺陷和焊接部位的焊接损伤引起的，在汽车荷载等活载交替作用下，构件产生裂纹并不断扩展，但在一宕次数后导致构件破坏。受拉或受剪构件的板件需要验算疲劳，钢箱梁桥疲劳验算的部位包括：

（1）主梁正弯矩底板下缘区域；

（2）主梁负弯矩顶板上缘区域；

（3）横隔板受拉侧；

（4）主梁腹板受剪区域；

（5）横隔板受剪区域；

（6）连接部位。

钢箱梁抗疲劳设计依据《公路钢结构桥梁设计规范》JTG D64—2015第5.5节进行疲劳验算。根据所建立的第一体系（即主梁体系）的结构模型，施加与疲劳荷载车Ⅰ等效的车道荷载作用，对顶板、底板的正应力疲劳及腹板的剪应力疲劳性能进行验算，如钢箱梁桥设计时梁高取值合适，则较易通过疲劳荷载车Ⅰ验算。当不满足疲劳荷载车Ⅰ验算要求时，则进一步按照疲劳荷载车Ⅱ进行验算。桥面系构件则采用疲劳荷载车Ⅲ进行验算。钢箱梁疲劳验算的流程为：

（1）根据验算结构确定模型中车辆荷载类型；

（2）查看车辆荷载作用下的受拉区域；

（3）针对受拉侧，计算最大、最小活载应力，不同的疲劳荷载车模型采用相应的多车道折减规定、疲劳荷载车纵向布置和冲击系数；

（4）提取受拉侧的内力，按照剪力滞与有效宽度折减后的截面特性计算最大最小活载应力，求得活载应力幅值；

（5）查找并计算验算部位相应的疲劳细节类别对应的容许值，活载应力幅值应小于容许的应力幅值。

2.3.9 钢箱梁挠度验算及预拱度设计

1. 挠度验算

《公路钢结构桥梁设计规范》JTG D64—2015 中未对结构刚度进行详细规定，只需满足静活载下挠度控制值便可。主梁以截面应力控制设计时的用钢量也较以刚度控制设计时的用钢量更为节省。主梁刚度应符合《公路钢结构桥梁设计规范》JTG D64—2015 第 4.2.3 条的规定，竖向挠度计算不考虑汽车荷载的冲击力，频遇值系数取 1.0，对于连续梁结构，荷载作用在同一跨径内的挠度存在正负时，计算挠度应取为正负挠度绝对值之和。不同结构形式的竖向挠度限值参见表 1-3。

2. 预拱度设计

如恒载及静活载引起的竖向挠度不超过跨度的 1/1600 或者 15mm，可不用设置预拱度，否则需设置恒载＋1/2 静活载的反向挠度。

2.4 不同阶段设计出图及工程量统计要求

1. 图纸内容

钢箱梁桥不同阶段图纸内容见表 2-15。

钢箱梁桥不同阶段图纸内容　　　　　表 2-15

项目要素	可研阶段	初设阶段	施工图阶段
桥型布置图	▲	▲	▲
桥梁标准横断面图	▲	▲	▲
实腹式横隔板断面图	—	▲	▲
实腹式横隔板大样图	—	△	▲
框架式横隔板断面图	—	▲	▲
框架式横隔板大样图	—	△	▲
端封横隔板断面图	—	△	▲
中支点横隔板断面图	—	▲	▲

续表

项目要素	可研阶段	初设阶段	施工图阶段
边支点横隔板断面图	—	▲	▲
钢箱梁加劲肋大样图	△	▲	▲
梁端槽口构造图	—	△	▲
检修门构造图	—	△	▲
焊缝构造图	—	△	▲
施工梁段划分图	—	△	▲
临时施工措施	—	△	▲
钢箱梁涂装	—	△	▲

注：表中"▲"表示应具备的信息，"△"表示宜具备的信息，"—"表示可以后补充的信息。

2. 工程数量表内容

钢箱梁桥不同阶段工程数量表内容见表2-16。

钢箱梁桥不同阶段工程数量表内容　　　表2-16

项目要素	可研阶段	初设阶段	施工图阶段
全桥钢箱梁材料数量汇总表	▲	▲	▲
钢箱梁梁段材料数量明细表	—	▲	▲
实腹式横隔板材料数量明细表	—	△	▲
框架式横隔板材料数量明细表	—	△	▲
端封横隔板材料数量明细表	—	△	▲
中支点横隔板材料数量明细表	—	△	▲
边支点横隔板材料数量明细表	—	△	▲
检修人洞材料数量明细表	—	△	▲

注：表中"▲"表示应具备的信息，"△"表示宜具备的信息，"—"表示下阶段补充的信息。数量表中应包含防腐涂装面积及焊缝重量。

2.5 桥面系设计

2.5.1 桥面铺装设计

桥面铺装形式宜与相接道路的路面形式相协调，桥面铺装应设有完善的防水和排水系统，公路钢桥面铺装设计使用年限宜不小于15年。

1. 钢桥面铺装

桥面铺装对钢桥面板具有保护作用，由结构层和界面功能层组成；结构层通常由保护层和磨耗层构成；界面功能层通常包括防腐层、防水粘结层、缓冲层、粘层等，如图 2-33 所示，防腐层和缓冲层可按需设置。

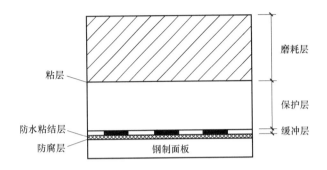

图 2-33 钢桥面铺装结构示意图

钢桥面铺装设计应综合考虑桥梁结构受力特点、交通荷载条件、环境气候条件、施工条件、恒载限制条件等因素，参考类似条件桥面铺装工程经验进行。交通荷载分级标准应符合《公路沥青路面设计规范》JTG D50—2017 的有关规定，桥面铺装结构设计流程为：

（1）按照《公路沥青路面设计规范》JTG D50—2017 的规定，调查桥梁所属路段的交通参数，确定桥梁的交通荷载等级。

（2）根据桥梁结构受力特点、交通荷载条件、环境气候条件、施工条件、恒载限制条件等因素，结合钢桥面铺装的设计和使用经验，初步拟定桥面铺装组合结构的厚度及材料类型。

（3）根据初拟方案，进行材料和沥青混合料设计并进行相关性能试验，测试桥面铺装结构层材料的力学参数。

（4）进行正交异性钢桥面板刚度验算。当刚度不满足要求时，采取增加桥面系刚度、提高桥面铺装结构层材料性能等技术措施。

（5）验证桥面铺装组合结构的高温稳定性能、界面联结性能和组合梁疲劳性能。

（6）对通过验证的桥面铺装结构进行技术经济分析，确定桥面铺装结构方案和材料要求。

钢桥面铺装结构层宜采用浇注式沥青混合料、环氧沥青混合料或改性沥青混合料铺筑。桥面铺装结构层总厚度应满足桥梁设计的恒载要求，单层厚度应根据沥青混合料压实特性确定，沥青混合料公称最大粒径应与单层厚度相匹配。各种沥青混合料单层厚度应符合表 2-17 的要求。

单层沥青混合料最小厚度与适宜厚度　　　　表 2-17

混合料类型	公称最大粒径(mm)	最小厚度(mm)	适宜厚度(mm)
改性沥青混合料 SMA、AC	9.5	30	35～40
	13.2	35	40～45

续表

混合料类型	公称最大粒径(mm)	最小厚度(mm)	适宜厚度(mm)
浇注式沥青混合料	9.5	25	30～40
	13.2	30	35～45
环氧沥青混合料	4.75	15	20～30
	9.5	25	25～35

桥面铺装结构层组合设计可参考表 2-18 中的组合方案进行。

桥面铺装结构层组合参考方案　　表 2-18

铺装材料	方案1		方案2		方案3		方案4		方案5	
	磨耗层	保护层	磨耗层	保护层	磨耗层	保护层	磨耗层	保护层	磨耗层	保护层
改性沥青混合料 SMA、AC	√	—	—	—	√	—	—	—	√	√
浇注式沥青混合料	—	—	—	√	—	—	—	√	—	—
环氧沥青混合料	—	√	√	—	—	√	√	—	—	—

钢桥面铺装采用双层 SMA 结构时，将改性沥青 SMA 用于保护层。而改性沥青 AC 很少用于保护层，在日本的一些钢桥项目和我国南京四桥钢桥面铺装中，保护层采用浇筑式沥青混合料，磨耗层采用改性沥青 AC。另外，界面功能层设置应符合：钢桥面顶板表面宜设置防腐层，如防水粘结层具有防腐功能时可不设置防腐层；钢桥面铺装应设置防水粘结层；磨耗层与保护层之间宜设置粘层；在防水粘结层与保护层之间，有隔热、缓冲荷载、提供施工平台等要求时应设置缓冲层。界面功能层材料和用量可按表 2-19 选择，其中材料厚度指完全固化或完全干燥后的厚度。

界面功能层材料和用量　　表 2-19

界面功能层类型	序号	材料名称	材料用量(或厚度)
防腐层	1	环氧富锌漆	$50\sim100\mu m$
	2	丙烯酸防腐漆	$0.10\sim0.20kg/m^2$
防水粘结层	1	甲基丙烯酸甲酯树脂	$2.50\sim3.50kg/m^2$
	2	丙烯酸树脂胶粘剂	$0.15\sim0.20kg/m^2$
	3	环氧树脂胶粘剂Ⅰ型	$0.60\sim1.10kg/m^2$
	4	环氧树脂胶粘剂Ⅱ型	$0.40\sim0.50kg/m^2$
	5	环氧沥青胶粘剂	$0.65\sim0.71kg/m^2$
	6	溶剂型沥青胶粘剂	$0.20\sim0.40kg/m^2$
缓冲层	1	改性沥青砂胶	$3\sim5mm$
粘层	1	改性乳化沥青	$0.30\sim0.50kg/m^2$
	2	环氧树脂胶粘剂Ⅱ型	$0.50\sim0.60kg/m^2$
	3	环氧沥青胶粘剂	$0.42\sim0.48kg/m^2$
	4	改性沥青	$1.00\sim1.20kg/m^2$

防腐层、防水粘结层类型可按表 2-20 选取。

防腐层、防水粘结层和缓冲层组合参考方案　　　　表 2-20

保护层类型	浇注式沥青混合料	热拌环氧沥青混合料	温拌环氧沥青混合料	冷拌环氧沥青混合料	改性沥青混合料 SMA
防水粘结层类型	1. 丙烯酸树脂胶粘剂；2. 甲基丙烯酸甲酯树脂	溶剂型沥青胶粘剂	环氧树脂胶粘剂Ⅱ型	环氧树脂胶粘剂Ⅱ型	环氧沥青胶粘剂	环氧树脂胶粘剂Ⅰ型，撒碎石	1. 溶剂型沥青胶粘剂；2. 第二层环氧树脂胶粘剂Ⅰ型，撒碎石；3. 第一层环氧树脂胶粘剂Ⅰ型，撒碎石
防腐层类型	丙烯酸防腐漆	—	环氧富锌漆		—	环氧富锌漆

界面功能层各层位都有多种材料可供选择，在选择界面功能层时，需要注意界面功能层与铺装结构层的匹配性。实践证明，只有界面功能层材料与铺装结构层材料构成合理的组合，铺装结构整体性能才能达到最佳。界面功能层与铺装结构层匹配性能较好的两个组合示例见图 2-34 和图 2-35。

磨耗层	高弹改性沥青 SMA10，厚度 35mm
粘层	改性乳化沥青，用量 0.30～0.50kg/m²
保护层	撒布粒径为 5～100mm 的预拌碎石，用量 4.0～7.0kg/m²；浇注式沥青混合料 GA10，厚度 35mm
防水粘结层	丙烯酸树脂胶粘剂，用量 0.15～0.20kg/m²；两层甲基丙烯酸甲酯树脂，用量 2.50～3.50kg/m²
防腐层	丙烯酸防腐漆，用量 0.10～0.20kg/m²
钢板	表面清洁度 Sa2.5 级，粗糙度 60～100μm

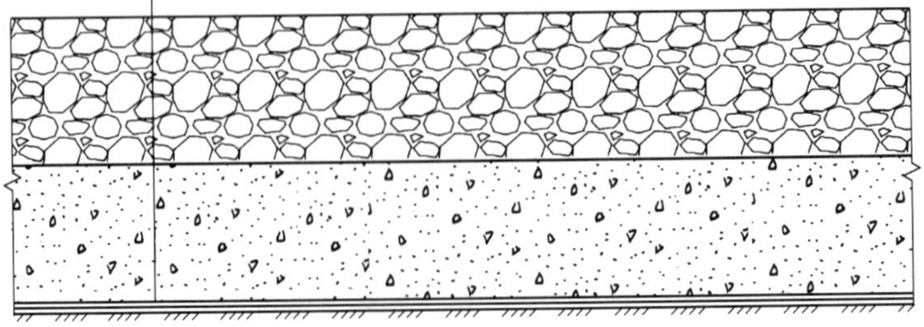

图 2-34 钢桥面铺装组合设计示例（一）

磨耗层	环氧沥青混合料EA10，厚度25mm
粘层	环氧沥青胶粘剂，用量0.42～0.48kg/m²
保护层	环氧沥青混合料EA10，厚度25mm
防水粘结层	环氧沥青胶粘剂，用量0.65～0.71kg/m²
防腐层	环氧富锌漆，厚度50～100μm
钢板	表面清洁度Sa2.5级，粗糙度60～100μm

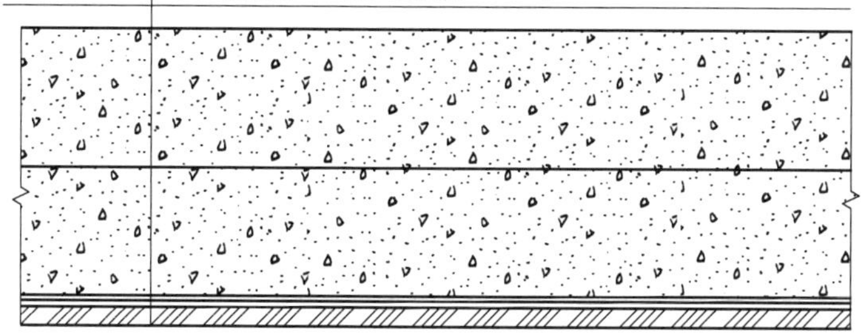

图 2-35　钢桥面铺装组合设计示例（二）

粘层材料可按表 2-21 选取。

粘层材料选择参考方案　　　　　　　表 2-21

磨耗层类型	保护层类型	可选择的粘层材料
改性沥青混合料 SMA、AC	浇注式沥青混合料	改性乳化沥青
环氧沥青混合料	环氧沥青混合料	环氧树脂胶粘剂Ⅱ型
		环氧沥青胶粘剂
改性沥青混合料 SMA、AC	环氧沥青混合料	环氧树脂胶粘剂Ⅱ型
		环氧沥青胶粘剂
		改性沥青
环氧沥青混合料	浇注式沥青混合料	环氧树脂胶粘剂Ⅱ型
		环氧沥青胶粘剂
改性沥青混合料 SMA、AC	改性沥青混合料 SMA	改性乳化沥青

正交异性钢桥面板的刚度由顶面最不利荷载位置处的最小曲率半径 R 和纵向加劲肋间相对挠度 Δ 两项指标进行评估，这两项指标可通过有限元法计算获得，判断是否满足表 2-22 的规定。验算荷载应采用现行行业标准《公路工程技术标准》JTG B01—2014 中对应公路Ⅰ级荷载的车辆荷载，对于刚度不满足要求的桥梁，应进行钢桥面铺装专项设计。

正交异性钢桥面板刚度要求　　　　　　　表 2-22

刚度指标	单位	技术要求
最小曲率半径 R	m	≥20
纵向加劲肋间相对挠度 Δ	mm	≤0.4

2. 中央分隔带、人行道铺装设计

中央分隔带、人行道等位置的钢板应进行喷砂除锈,设置防水粘结层。铺装应密实、不透水,并具备一定的防滑功能,可选用浇注式沥青混合料撒布碎石、砂粒式沥青混合料、聚氨酯塑胶、甲基丙烯酸甲酯树脂涂层等方案。常见的人行钢桥铺装方案如表 2-23 所示。

人行钢桥铺装方案　　　　　　表 2-23

方案编号	钢板	防腐层	防水粘结层	铺装层
方案 1	喷砂除锈	—	环氧砂浆	(防滑)面砖/石材
方案 2	喷砂除锈	环氧富锌底漆	—	5~8mm 厚的 PU/EPDM 铺装层
方案 3	喷砂除锈	环氧富锌底漆	—	2~5mm 厚的喷涂型聚脲铺装层
方案 4	喷砂除锈	—	环氧树脂	一定粒径的石料
方案 5	喷砂除锈	—	环氧胶粘剂	铺设橡胶板(需进行排板、裁剪)
方案 6	喷砂除锈	Zed s94 防腐底漆	—	1 层或 2 层 Safetrack SC (MMA 与耐磨集料等混合而成)

2.5.2 桥面排水设计

为了迅速排除桥面积水,防止雨水积滞于桥面并渗入梁体而影响桥梁的耐久性,需设计完整的排水系统。在桥面上除设置纵横坡排水外,常常还需要布置一定数量的泄水管。高架立交桥的桥面排水应通过设在桥梁墩台处的竖向排水管汇入底面排水设施中。泄水管设置在桥面行车道边缘处,泄水管通常采用铸铁管或 PVC 管,最小内径不小于 150mm。泄水管的间距根据桥梁汇水面积和桥面纵坡确定:当桥面纵坡大于 2%,且桥长大于 50m 时,为防止雨水积滞,桥面需设置泄水管;当桥面纵坡大于 2% 时,每平方米桥面泄水管的截面积为 70mm^2;当桥面纵坡小于 1% 时,每平方米桥面泄水管的截面积为 100mm^2。各地区可根据当地暴雨强度记录情况适当调整,竖向排水管布置于箱梁侧边缘,通过管道引向地面。在活动支座处,竖向排水管的连接应满足桥梁的纵向活动限制要求,竖向排水管也可引向设在台帽上的大漏斗中排水。如需在桥墩上布置排水管道,应尽可能布置在墩壁的槽中或者布置于桥墩箱室中。当桥墩很高时,排水管道应每隔 20~30m 设置伸缩缝,且管道要有良好的固定装置,在墩脚处要设有集水坑以缓冲排水下落的能量。在桥梁伸缩缝的上坡方向应增设泄水口,在凹形竖曲线的最低点及其前后 3~5m 处也应各设置一个泄水口。

2.5.3 防撞护栏设计

1. 桥梁护栏的设置原则

城市桥梁应根据《公路交通安全设施设计规范》JTG D81—2017 及《公路交通安全设施设计细则》JTG/T D81—2017 中的第 6.3 节设置桥梁护栏。

2. 桥梁护栏的防撞等级选定

车辆驶出桥外或进入对向车行道有可能导致的交通事故等级，应根据《公路交通安全设施设计规范》JTG D81—2017 及《公路交通安全设施设计细则》JTG/T D81—2017 第 6.3.2 条选择。

3. 桥梁护栏的形式选择

钢桥常选用梁柱式桥梁护栏。

4. 桥梁护栏的构造要求

根据《公路交通安全设施设计规范》JTG D81—2017 及《公路交通安全设施设计细则》JTG/T D81—2017 第 6.3.5 条进行设计。

5. 桥梁护栏设计验算

根据《公路交通安全设施设计规范》JTG D81—2017 及《公路交通安全设施设计细则》JTG/T D81—2017 第 6.3 节及相关条例设计。

6. 其他

对于某些城市桥梁，在保证安全的前提下应考虑美观因素，选用其他形式的桥梁护栏，但未经试验验证，不得随意改变护栏迎撞面的形状。

2.5.4 检修道设计

对于不设置人行道的钢桥，宜在桥面两侧设置检修道，检修道宽度不小于 0.75m。对于钢箱梁，设计应预留进入内部的人孔及进入人孔必要的爬梯等附属结构，必要时设置电气、照明装置以便检修维护。对于桥梁检修需覆盖的范围及部位的通道均应设检修爬梯及护栏。对于大跨径桥梁，根据不同的主梁结构形式及跨越障碍的环境条件，设置沿主梁可移动的检修车，方便养护检修人员进行定期检查、养护作业。

2.5.5 伸缩缝设计

1. 伸缩缝的要求

《公路桥涵设计通用规范》JTG D60—2015 规定桥面伸缩装置应能适应梁端自由伸缩和转角变形，使车辆平稳通过。伸缩装置应具有良好的密水性和排水性，便于清洁、检修、更换。根据《公路钢结构桥梁设计规范》JTG D64—2015 设计伸缩缝，设计伸缩装置时，考虑安装时间，其伸缩量应计及温度变化、受荷转角、梁体纵坡等因素，且预留更换所需的间隙量。对于斜、弯、异型桥的伸缩装置，在确定桥体实际伸缩方向的基础上，验算其是否满足纵横向容许错位量。

2. 钢桥伸缩缝的类型选择

《公路桥梁伸缩装置通用技术条件》JT/T 327—2016 中规定，伸缩装置按照伸缩体结构的不同分为四类：异型钢单缝式伸缩装置、模数式伸缩装置、梳形板式伸缩装置、橡胶式伸缩装置，其中适用于钢桥的是模数式伸缩装置和梳形板式伸缩装置。

(1) 模数式伸缩装置

模数式伸缩装置（见图2-36）密封性能较好，防排水性能好，伸缩量为160～2000mm，适用于有较大伸缩量要求的桥梁；结构整体刚度较高，耐久性较好；行车舒适度较好。

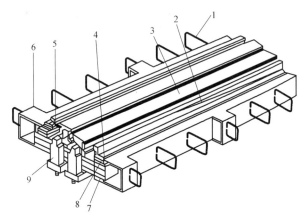

图2-36 模数式伸缩装置

1—锚固筋；2—边梁；3—中梁；4—横梁；5—防水橡胶带；6—箱体；
7—承压支座；8—压紧支座；9—吊架

(2) 梳形板式伸缩装置

梳形板式伸缩装置的主要特点是构件全部采用钢材加工装配，结构强度高；对车轮提供连续的支承，行车舒适度好，与梁体连接均采用预埋钢构件，连接可靠，抗冲击、震动能力强，耐久性好，可适应较大的水平变位，可用于大型桥梁。

3. 伸缩装置形式的选择

桥梁伸缩装置形式的选择非常重要，必须根据安装伸缩装置的道路性质、桥梁类型、需要的伸缩量，综合考虑道路、桥梁和伸缩装置整体的耐久性、平整度、排水和防水、施工、维修和经济性等，选择恰当形式的伸缩装置。

(1) 伸缩装置在桥梁接缝处的排水

在桥梁的接缝处，人行道或防撞护栏也是断开的，如果行车道桥面上的泄水不允许通过人行道或防撞护栏处的缝隙横向排出流落地面，则必须选用能阻挡桥面泄水横向排出的伸缩装置。桥台处的伸缩装置应将端部向上弯起，将桥面泄水导向台背，流向路堤，桥面的泄水孔宜就近设置在伸缩装置的上坡面。

(2) 桥梁接缝处人行道或防撞栏杆的连结构造

在桥梁接缝处，对人行道和防撞护栏也要作适当处理。对于人行道，通用的做法是在人行道上覆盖不锈钢钢板，钢板一端和下面的步道固定，另一端跨过伸缩缝，随梁体的胀缩，在伸缩缝另一端的步道上来回滑动。设计的原则是任何时候钢板都应有效覆盖位于其下方的接缝间隙，并至少搭盖另一端50mm。钢板表面要有一定的粗糙度，以防止行人滑倒。当全部采用钢护栏时，可通过钢护栏横梁设置可滑动套管连接，其容许滑动量应满足桥梁伸缩要求。护栏伸缩缝的设计要求，应满足《公路交通安全设施设计规范》JTG D81—2017的相关规定。

（3）立交匝道处的接缝安排

立交匝道和正桥桥面之间一定要设置伸缩缝，做到受力分离。钢箱梁根据所选伸缩缝的尺寸拟定梁端是否开槽及槽口尺寸，伸缩装置安装时要选取合适的安装温度，将槽内预埋钢筋与钢箱梁体焊接固定，浇筑钢纤维混凝土。

2.5.6 支座设计

支座选择与设计参照《公路钢结构桥梁设计规范》JTG D64—2015。

1. 支座的类型与使用范围

桥梁支座按其约束形式可以分为固定支座和活动支座，后者又分为单向活动支座和双向（多向）活动支座。固定支座可看作结构计算图式中的固定铰，活动支座类似于计算图式中的活动铰。钢结构梁式桥可选用弧形支座、辊轴式支座或性能可靠的其他形式支座，受力复杂或大跨径桥梁宜选用盆式橡胶支座、球型支座或双曲形支座。

2. 支座布置和要求

支座的平面布置形式与桥跨结构形式有关，基本原则为：

（1）能将桥跨结构的恒载、活载可靠且均衡地传递至各个墩、台；

（2）每联连续结构在各个自由度方向上均须有至少一个约束；

（3）桥跨结构受温度变化、混凝土收缩和徐变等因素影响，出现各种（及各方向）变形时，能将由此带来的结构内力变化限制在最小的控制水平上，从而保证结构的安全；

（4）连续梁桥的固定支座宜设在中间位置的桥墩上，支座布置方式应使桥跨结构稳定、可靠地固定于墩、台上，能适应梁体变形，各支座的受力及变形相对均衡。

3. 钢桥用盆式橡胶支座及选型

盆式橡胶支座已广泛应用于我国公路和铁路的大跨径桥梁上，为公路和铁路桥梁的主要支座形式，国内的盆式橡胶支座系列产品有GPZ、TPZ、QPZ、SY-1等型号。盆式橡胶支座主要由上支座板、下支座板、中间衬板、橡胶板、钢箍圈、平面摩擦副（聚四氟乙烯板和不锈钢滑板）等部件组成。盆式橡胶支座有固定支座、单向活动支座和双向活动支座三种形式，不同形式的支座构造略有不同。按使用环境温度还有常温型支座（-25～60℃）与耐寒型支座（-40～60℃）之分。材料性能和技术要求应满足现行行业标准《公路桥梁盆式支座》JT/T 391的规定。

4. 球型支座的构造及选配

球型支座适用于公路和铁路的大跨径桥梁。球型支座主要由底盆、球冠衬板、顶板及平面摩擦副（镜面不锈钢板与聚四氟乙烯板）和球面摩擦副（硬铬镀层球面与聚四氟乙烯板）等组成，其允许转角远大于盆式橡胶支座。球型支座工作原理与盆式橡胶支座基本相同。球型支座具有以下优点：（1）球型支座通过球面传递竖向荷载，竖向荷载作用点始终在球面中轴线上；（2）球型支座的转动力矩较小，只与支座的球面半径及摩擦副的滑动摩擦系数有关，而与支座转角的大小无关，适用于大转角的情况，球型支座的设计转角可达 0.05rad 以上；（3）球型支座各向转动性能一致，可用于曲线桥与宽桥；（4）球型支座不存在橡胶老化变硬而影响支座转动性能的问题，可用于低温地区。球型支座也分为固定支座、单向活动支座与双向活动支座三种形式。球型支座的温度适用范围为 $-40\sim60℃$。《桥梁球型支座》GB/T 17955—2009 对球型支座的规格系列及技术要求作出了一些规定，材料性能和技术要求也应符合该标准的规定。

2.6 钢桥防腐设计

钢结构防腐设计根据防腐蚀年限可分为普通型和常效型，普通型防腐年限应为 10~15 年，常效型防腐年限应不超过 15 年。钢桥涂装体系的划分和选型，对于公路钢桥应满足《公路桥梁钢结构防腐涂装技术条件》JT/T 722—2008 的规定，对于城镇钢桥应满足《城镇桥梁钢结构防腐蚀涂装工程技术规程》CJJ/T 235—2015 的规定。钢桥在使用过程中涂装将逐渐老化，需定期重新涂装。在设计过程中需考虑检测和重新涂装的可实施性，构造细节的设计也需注意防止漏水、积水、造成涂膜厚度不足的构造等。在进行构造设计时应保证涂装所需的操作空间，避免空间狭窄增加操作难度，防止堆积灰尘、积水等，防止桥面板、伸缩缝、排水管漏水。排水管设置尽量垂直，保证端头低于钢梁下缘一定高度，桥面板上设置的排水孔应保证具有足够距离，防止飞溅到钢梁上。

当桥台或桥墩区域间距过小，导致存在无法维修的困难时，翼缘和腹板应留设维修用空隙，提高支座垫石高度，确保操作空间。钢箱梁、钢桥墩、钢桁架的弦杆和腹杆、拱肋等构件的尺寸过小无法确保内部操作空间时，应采用完全密封的方式，防止腐蚀。涂装接触水的时间越长，老化越快，因伸缩缝漏水，需采取防止伸缩缝漏水的措施。未完全密封的钢箱梁和钢桥墩，密封连接缝隙防止雨水进入内部，内部设置排水孔防止积水。设计中应考虑涂装养护维护用作业平台安装所需的预埋件，特别是当宽钢箱梁、钢桁架桥等不宜直接设置作业平台时，需要设计连接预埋件。

第3章 工程信息学及钢桥应用

3.1 工程信息学概述

工程信息学是信息技术与各种工程学科相结合的一门新兴交叉学科，主要研究信息技术在各种工程学科中的应用。2007年首次正式提出对工程信息学的需求，2007年和2008年创造了"工程信息学"一词，在此之前，国际组织IFIP和IEEE于2005年正式提出并认可了名为工业信息集成工程的科学。工程信息学的概念强调多个方面，包括与工程信息学范围完全重叠的一个重要方面——工程信息集成。工业信息集成方法的进步促进了各种用于探索工业信息集成及工程信息集成技术的巨大发展，包括业务流程管理、工作流管理、EAI、SOA等。这些技术来源于不同的学科，具有显著提高工程信息学性能的潜力。许多应用程序需要这些技术的组合，特别是形式化和系统化的方法对于复杂工程系统的建模至关重要。

土木工程作为传统行业，信息化程度远不及制造业。在传统的规划、设计、加工、施工、运维项目执行流程中，设计信息传递效率低，变更情况尤为常见，导致返工次数增加、建设周期增长、直接及间接成本增加，经济效益偏低。

工程信息学以信息传递为线索，将知识抽象化，对构件属性、参数、约束和拓扑实体的通用特征进行提取，实现设计者设计意图的传递。其中，属性指的是特征的属性，特征不仅包括形状、尺寸、方向或位置，还包括材料表面光洁度（这些属性是自我描述的属性）和非几何实体，如功能、函数、规则和加工操作（这些属性是关联属性）。参数用于描述实体的形状、尺寸、方向和关键位置。拓扑实体是那些可在屏幕上显示给用户的实体，例如点、线、柱面或立方体。通过以设计模型为载体，进行信息传递与分析，使得信息在阶段与阶段之间逐层传递，提高信息利用率。

3.2 工程设计与制造中的计算机系统综述

在工程设计与制造中，常用的有计算机辅助设计（Computer Aided Design，简称 CAD）系统、计算机辅助工程（Computer Aided Engineering，简称 CAE）系统以及计算机辅助制造（Computer Aided Manufacturing，简称 CAM）系统。目前世界上三大高端三维软件都是这三种系统的集成产品，例如 CATIA、UG 和 PRO/ENGINEER。

3.2.1 计算机辅助设计（CAD）系统

利用计算机及其图形设备帮助设计人员进行设计工作的称为计算机辅助设计（CAD）。在工程设计中通常要用计算机对不同方案进行大量的计算、分析和比较，以决定最优方案；各种设计信息，不论是数字、文字或图形，都能存放在计算机的内存或硬盘里，并能快速地检索；设计人员通常用草图开始设计，将草图变为工作图的繁重工作可交由计算机完成；由计算机自动产生的设计结果，可以快速生成图形，使设计人员及时对设计做出判断和修改；利用计算机可以进行与图形的编辑、放大、缩小、平移、复制和旋转等有关的图形数据加工工作。

CAD 技术已广泛地应用于工程设计的各个领域。目前有关 CAD 技术的研究热点有计算机辅助概念设计、计算机支持的协同设计、海量信息存储、管理及检索、设计法研究及其相关问题、支持创新设计等。可以预见 CAD 技术将有新的飞跃，同时还会引起一场设计变革。CAD 技术一直处于不断发展与探索之中。应用 CAD 技术起到了提高企业设计效率、优化设计方案、减轻技术人员劳动强度、缩短设计周期、加强设计标准化等作用。越来越多的人认识到 CAD 是一种巨大的生产力。并行设计、协同设计、智能设计、虚拟设计、敏捷设计、全生命周期设计等设计方法代表了现代产品设计模式的发展方向。随着人工智能、多媒体、虚拟现实、信息等技术的进一步发展，CAD 技术必然朝着集成化、智能化、协同化的方向发展。企业 CAD 和 CIMS 技术必须走一条以电子商务为目标、循序渐进的道路。从企业内部出发，实现集成化、智能化和网络化的管理，用电子商务跨越企业的边界，实现真正意义上的面向客户、企业内部和供应商之间的敏捷供应链。

3.2.2 计算机辅助工程（CAE）系统

工程设计中的计算机辅助工程（CAE）指用计算机辅助求解分析复杂工程和产品的结构力学性能，以及优化结构性能等。把工程（生产）的各个环节有机地组织起来，其关键就是将有关的信息集成，使其产生并存在于工程（产品）的整个生命周期。而 CAE 软件可作静态结构分析和动态分析；研究线性、非线性问题；分析结构（固体）、流体、电磁等。

从广义上说，CAE 包括工程和制造业信息化的所有方面，但传统的 CAE 主要指用计算机对工程和产品进行性能与安全可靠性分析，对其未来的工作状态和运行行为进行模拟，及早发现设计缺陷，并证实未来工程、产品功能和性能的可用性与可靠性。

CAE软件可以分为两类：一类是针对特定类型的工程或产品所开发的用于产品性能分析、预测和优化的软件；另一类是对多种类型的工程和产品的物理、力学性能进行分析、模拟和预测、评价和优化，实现产品技术创新的软件，也称为通用CAE软件。

CAE软件的主体是有限元分析（Finite Element Analysis，简称FEA）软件。有限元法的基本思想是将结构离散化，用有限个容易分析的单元来表示复杂的对象，单元之间通过有限个节点相互连接，然后根据变形协调条件综合求解。由于单元的数目是有限的，节点的数目也是有限的，所以称为有限元法。这种方法灵活性很大，只要改变单元的数目，就可以使解的精确度改变，得到与真实情况无限接近的解。

基于有限元法的CAE系统各阶段所用的时间为：40%～45%用于模型的建立和数据输入，50%～55%用于分析结果的判读和评定，而真正的分析计算时间只占约5%。

采用CAD技术来建立CAE的几何模型和物理模型，完成分析数据的输入，此过程称为CAE的前处理。同样，CAE的结果也需采用CAD技术生成形象的图形输出，如生成位移图或应力、温度、压力分布的等值线图，表示应力、温度、压力分布的彩色明暗图，这一过程称为CAE的后处理。针对不同的应用，也可采用CAE仿真模拟零件、部件、装置（整机）乃至生产线、工厂的运动和运行状态。

3.2.3 计算机辅助制造（CAM）系统

计算机辅助制造（CAM）的核心是计算机数值控制（简称数控）。1952年美国麻省理工学院首先研制出数控铣床。数控的特征是由编码在穿孔纸带上的程序指令来控制机床，此后发展了一系列的数控机床，包括称为"加工中心"的多功能机床，它能从刀库中自动换刀和自动转换工作位置，能连续完成铣、钻、铰、攻丝等多道工序，这些都是通过程序指令控制运作的，只要改变程序指令就可改变加工过程，数控的这种加工灵活性称为"柔性"。

CAM是利用计算机来进行生产设备管理控制和操作的过程。其输入信息是零件的工艺路线和工序内容，输出信息是刀具加工时的运动轨迹（刀位文件）和数控程序。

CAM系统是通过计算机分级结构控制和管理制造过程的多方面工作，它的目标是开发集成的信息网络来监测广为互联的制造作业范围，根据总体的管理策略控制每项作业。

大规模的CAM系统是一个计算机分级结构的网络，由两级或三级计算机组成，中央计算机控制全局，提供经过处理的信息，主计算机管理某一方面的工作，对下属的计算机工作站或微型计算机发布指令和进行监控，计算机工作站或微型计算机承担单一的工艺控制过程或管理工作。CAM系统的组成可分为硬件和软件两方面：硬件方面有数控机床、加工中心、输送装置、装卸装置、存储装置、检测装置、计算机等，软件方面有数据库、计算机辅助工艺过程设计、计算机辅助数控程序编制、计算机辅助工装设计、计算机辅助作业计划编制与调度、计算机辅助质量控制等。

3.3 信息化技术在钢箱梁中的应用方案

当前，传统土木工程行业正处在信息化技术应用的浪潮之中，以大数据、云计算、物联网、人工智能为代表的新一代工程信息通信技术正加速向建设制造业渗透融合，势必要推动智慧化设计、智能加工制造、智慧化施工管理乃至产业链与价值链各环节的全面深度交联。通过提高设计知识复用水平，构筑知识创造、传播和应用新体系，不断激发制造业创新活力，调整、改造、升级传统动能，培育新的经济增长点。发展钢箱梁成为新时代背景下信息化和工业化深度融合的落脚点和着力点，工业互联网平台正成为领军企业竞争的新赛道、全球产业布局的新方向、制造大国竞争的新焦点。与现有的消费互联网相比，工业互联网更强调数据，更强调充分的连接，更强调数据的流动和集成以及分析和建模。工业互联网的本质是要有数据的流动和分析，是工业系统与高级计算、分析、传感技术及互联网的高度融合。工业互联网平台把设备、生产线、工厂、供应商、产品和客户紧密地连接融合起来，可以帮助制造业拉长产业链，形成跨设备、跨系统、跨厂区、跨地区的互联互通，从而提高效率，推动整个制造服务体系智能化，推动制造业融通发展，实现制造业和服务业之间的跨越发展，使工业经济的各种要素资源能够高效共享。从两化融合到两化深度融合，从智能制造到工业互联网，技术融合不断深化，技术升级迭代的步伐不断加快。

3.3.1 钢箱梁产品特征

钢箱梁一般由顶板、底板、腹板、横隔板、悬臂隔板及加劲肋等通过焊接或螺栓连接的方式连接而成，其中顶板为由顶板和纵横向加劲肋（隔板）构成的正交异性桥面板。正交异性钢桥面板的自重约为钢筋混凝土桥面板或预制预应力混凝土桥面板自重的1/2～1/3。受自重影响很大的大跨径桥梁，正交异性板钢箱梁是非常有效的结构形式。

1. 钢箱梁形状特征

钢箱梁是典型的闭口薄壁结构，翼缘和腹板厚度比起高度和宽度来都较小，计算时应采用薄壁箱梁结构理论分析其应力和变形状态。拥有足够多横隔板和纵横向加劲肋的钢箱梁具有良好的受力特性，与工字形钢板梁相比有以下形状特征：

(1) 翼缘宽度大，抗弯能力强，跨越能力比钢板梁强，目前连续钢箱梁桥的最大跨径已超过 300m。

(2) 梁高较小，适用于立交桥和建筑高度受限的桥梁等。

(3) 横隔板和加劲结构等都在箱内，外形美观。

(4) 箱内为中空结构，便于布置电缆、水管、煤气管等附属设施，还可作为检修和维护的通道。

2. 钢箱梁结构特征

(1) 结构自重小，适用于大跨径桥梁，同时由于上部结构自重减轻，下部结构的造价也会降低。

(2) 钢构件纵横交错开孔多，属于高次超静定结构，需要控制好相当多的构造细节来保证稳定、疲劳、焊接等耐久性。

(3) 无收缩徐变，用于大跨径桥梁时，无预应力混凝土连续梁的跨中下挠等病害。

(4) 正交各向异性钢桥面板相对于混凝土桥面板耐久性差，在可变荷载长期作用下容易产生疲劳损伤，但可以通过合理的构造设计改善。

3. 钢箱梁性能特征

(1) 抗拉强度高，弹性模量大，材料利用效率高，能有效发挥钢板的承载能力，不存在冗余构件。

(2) 延性、韧性好，抗震性优越，适用于地震多发和强震地区。

(3) 钢桥整体受力性能更好，拆除方便，改建、扩建及移建更为便利。

(4) 受压构件或板件的承载力受压曲性能控制，不仅钢结构如此，混凝土结构也有这个受力特点。

(5) 用于受拉构件时，有疲劳问题需要控制。

4. 钢箱梁工艺特征

(1) 正常涂装情况下，物理寿命长。

(2) 钢材能耗低，污染少，且可回收利用，符合可持续发展理念。

(3) 耐腐蚀性差，涂装维修费用高。

(4) 直接价格高。

5. 钢箱梁施工特征

(1) 工厂制作现场安装，减少了工地连接数量，质量易于保证，可靠性高。工厂制作与现场其他构造施工分离，无需增加场地，即来即安装，节约施工成本，缩短工期。

(2) 施工快速方便，出厂时已为大节段成型单元，在施工时可纵向拖拉或顶推架设，吊装也方便，大大提高了架设效率。无支架施工保畅通，无障碍跨越铁路、高速公路、城市交叉口等。发挥桥梁先进施工工艺和设备效能，施工更安全。

3.3.2 钢箱梁并行和协同工程

1. 传统设计流程存在的问题

传统的桥梁设计基本流程是：可行性研究阶段、初步设计阶段、施工图设计阶段、工艺设计阶段、加工设计阶段、施工组织设计阶段。上述阶段之间相对独立，且部分阶段由不同单位负责，这导致阶段之间严重分离，使得信息在阶段与阶段之间传递效率低，增长建设周期，主要原因有以下几点：

（1）各专业设计、可制造性及协调性等问题，在设计过程中各专业是分别考虑的，没有统一的协作设计，设计周期长；

（2）设计过程中存在的许多问题到施工阶段才暴露出来，为保证产品质量，不得不返工，既浪费资金，又延误时间；

（3）设计数据零散分布于各开发过程，缺乏统一有效的管理，设计数据无法保持一致且容易丢失。

2. 并行工程与并行设计

为了解决传统设计流程存在的问题，人们在总结数字化设计等相关技术的基础上，认为应进一步强调产品开发早期阶段的工作对产品的影响，因而引入了并行工程的概念。关于并行工程的定义有很多说法，但至今较为公认的是1986年美国国防分析研究所的 R-338 研究报告对并行工程所做的定义："并行工程是并行地、集成地设计产品及其相关过程（包括制造过程和支持过程）的系统方法，在设计过程中考虑产品的可制造性、可装配性、可测试性，以减少设计过程中不必要的返工，力争产品设计开发一次成功"。根据这一定义，并行工程是组织跨部门、多学科的开发小组，在一起并行协同工作，将串行的过程并行起来，由数字化技术支持并行工程的实施。并行工程的核心内容是并行设计。

与传统的串行工程相比，并行工程强调在产品开发的初期就全面考虑产品全生命周期的后续活动对产品综合性能的影响，建立产品全生命周期中各阶段间性能的继承和约束关系及产品各方面属性之间的联系，以求其综合性能为最优。归纳起来有5个特点：并行性（concurrence）：产品和制造工艺设计在同一时间框架内并行进行；约束性（constraint）：设计产品时要考虑制造工艺的约束性，保证零件易于加工、装配；协调性（coordination）：产品和制造工艺设计应密切协调，保证成本、质量和交货期的最佳匹配；一致性（consistence）：要求并行工程的参与人员对产品和过程的重大决策问题意见一致；主动性（initiative）：并行工程的实施要求参与人员在产品研制过中加强主动性。

并行工程示意图见图 3-1。

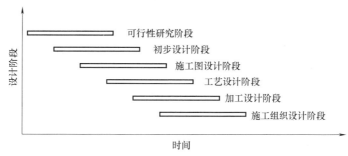

图 3-1 并行工程示意图

并行工程的效益主要体现在以下几个方面：

（1）缩短建设周期

并行工程的主要作用就是可以大大缩短建设周期和准备时间。据报道，由于实施了并行工程的虚拟产品开发策略，福特公司和克莱斯勒公司将其新型汽车的开发周期由 36 个月缩短至 24 个月，设计和试制周期仅为原来的 50%。

（2）降低成本

并行工程可在三个方面降低成本：其一，它可以将错误限制在设计阶段；其二，并行工程强调"一次达到目的"；其三，产品的寿命循环价格降低了。

（3）提高质量，易于维护

采用并行工程技术，尽可能将所有质量问题消灭在设计阶段，使所设计的产品便于制造，易于维护。这就为质量的"零缺陷"提供了基础。

3. 钢箱梁并行协同设计

半个世纪以来，发达国家工业产品开发的指导思想发生过两次重大转变：一是从单纯追求性能向追求可靠性、维修性与性能并重转变；二是产品开发中由采用传统的串行工程方法转变为采用并行工程方法。作为加快新产品开发的一种新模式，其集成了制造业中许多新的技术、思想。传统的产品开发过程是一个串行过程，它根据市场及最终用户对产品的需求，向设计进行生产。

当前，钢箱梁工程设计依然遵循按部就班的步骤开展，设计院完成结构设计后，交由钢结构加工企业进行深化设计（加工工艺及拼装工艺设计），然后由施工单位进行详细的现场施工技术及组织设计，在并行协同设计方面应用程度很低，主要原因是：传统的设计流程及企业格局已固化；没有形成系统化的钢箱梁设计软件来集成以上各个步骤的功能应用，也没有一种统一的数据格式文件能够解决重复结构建模及应用的问题。当然，为了解决以上问题，软件开发商和一些致力于技术发展的机构协会都在不懈努力，如 CATIA V6 已能实现与 Abaqus 有限元分析软件的数据交互，通用的数据交换标准 IFC-bridge 也在不断拓展完善。

随着 CAD 技术及仿真软件的发展，综合分析钢箱梁桥的设计流程和特点，可以在不同专业、不同结构组成、不同流程中探索并采用并行协同设计，以提高钢箱梁桥的设计质量和效率。钢箱梁桥并行协同设计内容见图 3-2。

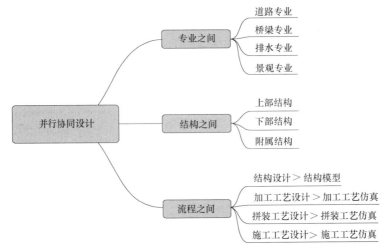

图 3-2 钢箱梁桥并行协同设计内容

(1) 专业间的并行协同设计

桥梁设计不仅涉及桥梁专业设计人员，还必需从道路专业获取路线和路面设计信息，同时将桥梁结构设计成果提交给水排水、电力、景观专业做相关设计。各专业间的并行协同设计，是通过更高效便捷的方式，实现各专业设计信息的共享共用，相关设计人员能及时及早加入设计，缩短设计时间；及早了解设计调整对各自工作的影响，避免后期更大的改动成本。

(2) 结构间的并行协同设计

桥梁作为复杂的结构，从大的层次可以分为上部结构、下部结构、附属结构，设计中往往也是分别进行的，但它们之间又是相互关联和依赖的。对于复杂的大型桥梁，如斜拉桥、悬索桥、拱桥等，其结构组成构件成分也更为复杂，往往是多个设计师共同参与设计，基于并行设计思想的协同设计要求不同结构的设计师在设计时能及时充分获取结构之间的约束关系和公用信息，开展自己的设计工作。

(3) 流程间的并行协同设计

完整的钢箱梁桥设计流程，不仅包括钢箱梁结构设计，还包括加工工艺设计、拼装工艺设计、施工工艺设计等。高质量的桥梁设计应能同时考虑全生命周期的所有因素，在项目开工建设前，进行结构设计优化、计算分析、加工工艺及拼装工艺模拟等虚拟仿真和性能评价，并行协同设计就是将上述虚拟仿真的内容尽可能地并行交叉进行，实现技术、资源、过程在设计过程中的高度集成。

3.3.3 钢箱梁工程信息框架

1. 钢箱梁工程信息框架定义

信息框架是对某一特定事物牵涉到的信息进行统筹、规划、设计、安排等一系列活动的集合，信息框架应能实现对事物准确完整的信息描述，而且信息的运用和查找应符合工程习惯和精准高效。

钢箱梁工程作为综合性的复杂工程，其在信息框架上也体现出了高度的复杂性，可以从以下三方面进行分析：

（1）基于钢箱梁工程时间进程的信息框架

钢箱梁工程按照工程开展的时间顺序大体可以分为设计阶段、（制造安装）施工阶段、管养阶段、拆除阶段等，其过程中牵涉了数量巨大、纷繁复杂的各类信息，如设计中的尺寸构造信息、工厂制造中的切割焊接工艺信息等，同时有些信息在随工程进程不断传递的过程中需进行剔除、深化或修正，这进一步加深了信息的复杂度。钢箱梁工程包含的阶段见图3-3，设计阶段、施工阶段、运营管养阶段包含的信息见图3-4。

图 3-3 钢箱梁工程包含的阶段

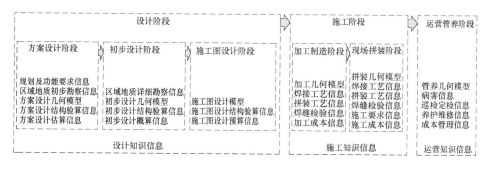

图 3-4 三阶段包含的信息

（2）基于钢箱梁工程功能应用的信息框架

钢箱梁工程不同的信息内容及信息集合服务于不同的功能应用，如创建几何模型需要几何尺寸信息，结构分析需要几何尺寸信息、荷载信息、材料信息、约束信息等，板件下料切割需要板件尺寸及剖口信息，板件焊接拼装需要焊接工艺信息等。

（3）基于钢箱梁工程结构划分的信息框架

工程信息是以钢箱梁结构、构件、板件等模型为载体，具有实际价值的工程背景下的数据说明。钢箱梁结构可进行构件、板件的拆分，不同的结构层级所包含的信息也呈现不同的内容。如钢箱梁吊装节段信息应包含结构外观尺寸、吊装重量、对吊装机械吊装能力的要求、吊点位置及吊装过程要求；顶板板件应包含几何尺寸、材料、规范设计知识等信息。钢箱梁结构相关信息见图3-5。

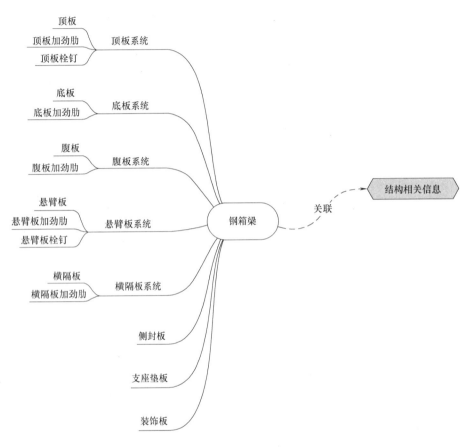

图 3-5 钢箱梁结构相关信息

2. 钢箱梁信息分类

通过对钢箱梁工程信息框架的梳理，基于时间进程的信息框架是线形结构，基于功能应用的信息框架是自然结构，基于结构划分的信息框架是层次结构。要想实现钢箱梁工程的信息化应用，其信息分类需综合考虑，既要解决自然结构的散乱无序，又要避免层级过深导致的信息利用效率低下问题。因此，对于钢箱梁信息分类，以时间进程为主线，功能应用为关键，结构划分为主体，进行科学组织，以满足钢箱梁工程全生命周期各阶段应用的需求。

根据以上原则，结合桥梁工程信息，重点考虑钢箱梁工程信息，将信息分为10大类，各大类细分信息内容参见"附录 A　桥梁工程信息分类与编码表"。

3. 钢箱梁信息元模型

(1) 元模型概念

元模型定义了描述某一模型的规范,具体来说就是组成模型的元素和元素之间的关系。元模型是相对于模型的概念,离开了模型元模型就没有了意义。可以将元模型想象成为某种形式的语言,这样模型就是一篇用该语言描述的文章,其中元模型中的元素就是该语言的词汇,元素之间的关系就是该语言的语法,如图 3-6 所示。

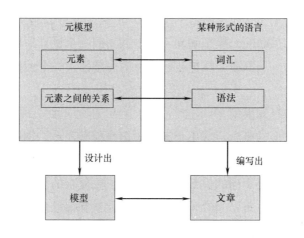

图 3-6 元模型关系图

每个模型都有一种元模型来解释它,这种元模型不可见,且模型与元模型也是相对的,对于元元模型来说元模型就是它的模型。模型与元模型构成了一个无限循环,越往上抽象层次越高。例如:随着抽象层次的提升,动物、植物在某个抽象层次有一致的元模型(都是由细胞构成),再往上提升到某个抽象层次,动物、植物、矿物都是一致的了(都是由分子构成)。

典型的元模型结构可以描述为:信息层、模型层、元模型层和元元模型层。每一层描述如下:

1) 信息层 (Information layer)

信息由我们希望描述的数据组成,这些数据通常是一些用户数据,主要职责是描述信息领域中的详细信息。

2) 模型层 (Model layer)

模型层由元数据组成,元数据是描述信息层的数据,元数据的集合被称作模型。模型层是为描述信息层而定义的一种"抽象语言"(即没有具体语法或符号的语言)。信息层的数据,即用户数据,是模型层的一个实例。

3) 元模型层 (Metamodel layer)

元模型层由元—元数据组成，元—元数据定义了元数据的结构和语义，元—元数据的集合被称作元模型。元模型层是为了描述模型层而定义的一种"抽象语言"，是对模型层的进一步抽象。也就是说，模型层描述的内容通常要比元模型层描述的内容丰富、详细。一个模型是元模型的一个实例。数据词典中的元数据是对数据模型的描述。

4）元元模型层（Meta-metamodel layer）

元元模型层由元元数据的结构和语义的描述组成，元元模型层是为了描述元模型而定义的一种"抽象语言"。元元模型的定义要比元模型更加抽象、简洁。一个元元模型可以定义多个元模型，而每个元模型也可以与多个元元模型相关联。通常所说的相关联的元模型和元元模型共享同一个设计原理和构造，这也不是绝对的准则。每一层都需要维护自己设计的完整性。一个元模型是元元模型的一个实例。

（2）钢箱梁信息元模型

借鉴信息元模型的概念，应用于钢箱梁信息模型表达。钢箱梁信息元模型的组成元素就是将结构的信息细化到最小的一维信息，即钢箱梁信息分类的最深层级，通过元素关系连接不同的模型元素可以组成更复杂的模型，连接信息元素与信息元素可以形成信息集，当然可以连接模型元素和信息元素形成信息模型，逐层向上便可提高到更高层级的信息元模型，也就实现了更为全面综合的信息描述。例如，焊缝检测信息集见表 3-1，其中探伤方法元素见表 3-2，元素关系见表 3-3。

焊缝检测信息集 表 3-1

焊缝检测	焊缝质量等级	一级
		二级
		三级
	探伤方法	超声波探伤
		射线探伤
		磁粉探伤
	检验等级	A 级
		B 级
		AB 级
	评定等级	Ⅰ级
		Ⅱ级
		Ⅲ级
		Ⅳ级
	探伤比例	
	探伤部位	

探伤方法元素　　　　　　　　　　　表 3-2

探伤方法	超声波探伤
	射线探伤
	磁粉探伤

元素关系　　　　　　　　　　　　表 3-3

元素关系
关联
组成
分配
连接

3.3.4 钢箱梁信息建模方法

1. 建筑信息建模的发展

我国的制图历史可追溯到一万年前，在新石器时代就能绘制一些几何图形、花纹，具有简单的图示能力。在战国时期我国人民就已运用设计图来指导工程建设，距今已有2400多年的历史。自秦汉起，我国已出现图样的史料记载，并能根据图样建造宫室。宋代李诫（仲明）所著《营造法式》一书，总结了我国历史上的建筑技术成就。20世纪50年代，我国著名学者赵学田教授就简明而通俗地总结了三视图的投影规律——长对正、高平齐、宽相等。1956年原机械工业部颁布了第一个部颁标准《机械制图》，随后又颁布了国家标准《建筑制图》，使全国工程图样标准得到了统一，标志着我国工程图学进入了一个崭新的阶段。

传统手工绘图（见图3-7）速度慢、尺寸不精确、复杂曲线绘制难度高、图纸保存环境严苛、重复劳动多，亟待一场技术变革满足随经济发展带来的设计需求。世界上第一台计算机问世后，计算机技术以惊人的速度发展。使用计算机辅助设计（CAD）系统进行信息转移传递，可简化很多事情。在某种程度上，编程机器存储关于每条线的所有必要信息，使用文字标注进一步阐释设计者意图。

图 3-7 基于尺规作图的手绘图纸

在任何 CAD 系统上生成一组图与手工制作的图纸相比，看起来都更逼真，零件被精确复刻，模型和文本看起来像是打印出来的（见图 3-8）。CAD 绘图有统一的线型库、字体库，图面整洁统一，绘错、误删、修改均有快捷键快速修改，可提高绘图效率及绘图精度。另外，CAD 提供丰富的分类图库、通用详图，设计师需要时可以直接调入，重复工作越多，这种优势越明显。不仅如此，CAD 软件制作的图形、图像文件可直接存储在软盘、硬盘、云端上，数据至少可以保存 50 年以上，且调用方便，不受蛀虫灾害侵蚀。

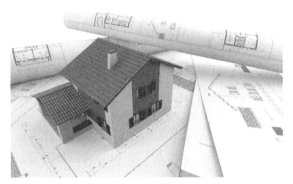

图 3-8　利用 CAD 软件绘图

但 CAD 同样也存在问题，绘图是信息的存储，其中的数据是线条和文本，每个线条包含起点、终点、路径和长度，从二维纸面可收集的线上的信息只有这么多，还需加以文字描述。另外，跨专业的协调、设计、可建性和信息共享等问题，无论是用方便的绘图还是用传统的 CAD 系统都不能很好地解决。不同专业所需要的信息与他们需要做什么事情直接相关（见图 3-9）。许多信息不是图形化的，而是项目、成本、交货时间表、目标压力值和工作紧迫感等的列表。这些非图形数据常以适合用于指定建筑物多方面的管线系统的形式输入，这些信息中的一部分是由几家公司提供的，缺乏协调性和一致性。

建筑信息模型（Building Information Modeling，简称 BIM）的提出致力于解决所有这些问题，它是基于最先进的三维数字设计和工程软件所构建的"可视化"的数字建筑模型，三维可视化是其特点之一。以 BIM 为核心的三维制图正以迅雷不及掩耳之势替代传统的 CAD 二维制图，借助 BIM 可视化的特点，运用精确建模、碰撞检测、虚拟漫游等方式，实现虚拟空间同比例的真实工程。基于 BIM 的可视化可以改善沟通环境，提高对项目的认识和评价能力，增加建筑整体的真实性及体验感。

BIM 三维建模能实现项目的可视化，可视化即"所见所得"的形式，对于建筑业来说，可视化运用在建筑业的作用是非常大的，例如经常拿到的施工图纸只是各个构件的信息在图纸上用线条绘制表达，但是其真正的构造形式就需要建筑业参与人员去自行想象了。对于简单的东西来说，这种想象也未尝不可，但是

图 3-9 不同专业看待对象的角度

近几年建筑业的建筑形式各异,复杂造型在不断的推出,那么这种光靠人脑去想象的东西就未免有点不太现实了。

BIM 模型作为信息的载体,通过集成规划、设计、施工、运营、拆除等全生命周期的信息,准确、全面、动态地对建筑结构进行描述,实现基于统一模型的全生命周期协同应用,避免了信息内容的不一致和信息传递的不及时问题,如图 3-10 所示。BIM 模型由包含了信息的构件组成,如建筑模型包含板、梁、柱等,桥梁模型包含主梁、桥墩、基础等,为了提高建模效率,一般会首先建立常用或通用的标准化构件库,通过调用构件库中的构件进行参数或信息定义,进行实例化,通过约束关系进行"组拼",最终形成整体的 BIM 模型。

BIM 技术被视为建筑业中最伟大的技术创新之一。世界上大多数较大型的建筑物都是使用 BIM 设计和建造的,预计到 2025 年全世界每年可节省超过 1 万亿美元。BIM 模型在建筑物的设计和施工中建立,并已扩展到其他领域,包括城市和基础设施的设计和管理,给与建筑业相关的所有专业带来了变化,各地政府不约而同地制定了相关规范标准并积极倡导行业应用。

2. 信息化建模软件

信息化建模依赖于电脑硬件及 BIM 软件的支持,目前应用较为广泛的主流 BIM 软件均是从国外引进(见图 3-11),具体介绍如下:

(1) Revit 软件

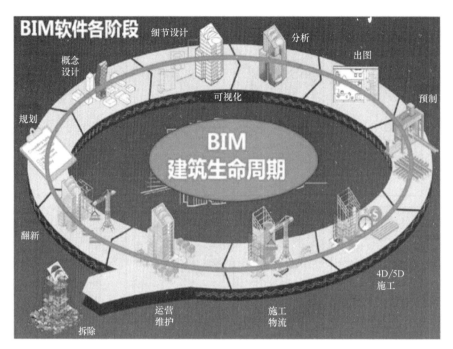

图 3-10　BIM 在建筑全生命周期的应用

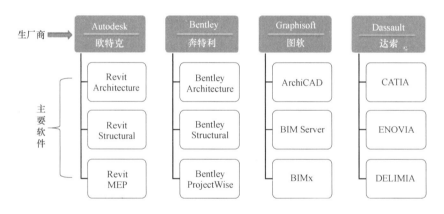

图 3-11　主流 BIM 软件

Revit 是 Autodesk 公司的 BIM 软件，在国内应用最早，是我国建筑业 BIM 体系中使用最广泛的软件。Revit 在桥梁工程中的应用，往往结合可视化编程软件 Dynamo，实现桥梁的快速参数化建模，在常规的小箱梁、T 梁、箱梁桥上应用广泛，但对于异形复杂结构的建模能力不足，尤其对于钢结构精度不能满足加工要求，且用于生成二维图纸的剖切、标注过于繁琐，运用不便。

（2）Bentley 软件

Bentley 是通过建立 MicroStation 公用管理平台软件，之后根据建筑工程项目不同阶段的任务不同创建了自己一系列的建模、仿真模拟、分析等软件，通常用于建筑、道路、制造设施、公共设施和通信网路工程，在长线工程的应用性能更优,在桥梁工程的造型能力上相对较弱。

(3) ArchiCAD 软件

ArchiCAD 是 Graphisoft 公司最为国人所了解的产品。早年期间,ArchiCAD 是最受中国建筑设计行业欢迎的三维建模软件。使用 ArchiCAD 建立三维模型并进行渲染后,可以使用户如身临其境般地体验建筑物内部的空间效果以及光影变化带给人们的视觉感受。但是,由于其仅仅局限于建筑专业的发展,没有结构以及机电等专业的软件支持,所以在其他专业领域的发展停滞不前。

(4) CATIA 软件

Dassault 公司是最早做产品全寿命周期的公司,其软件也是针对产品全寿命周期的各个阶段而研发设计的。CATIA 作为其主要产品,对于桥梁工程设计者可以根据地勘单位提供的高程信息、地质调查资料以及纵横断面创建地质模型;而且软件拥有强大的曲线、曲面和空间结构设计能力,完全能够满足弯桥道路中心线的平滑程度以及复杂空间构件的精细度;不论是在建模的前期还是后期均能够实现局部构件的参数化,能够达到在修改方案期间快速修改模型;还可以利用知识工程模块,使构件的参数与参数相关联,实现任意参数的变动带动整体模型的同步更新;在桥梁受力分析阶段,CATIA 能够与有限元软件 Abaqus 无缝对接,使桥梁结构受力分析更加方便快捷。

因此,本书的桥梁 BIM 信息化应用主要基于 CATIA 软件进行。

3. CATIA 信息建模思路

CATIA 软件因强大的曲面设计能力、分析能力不断被应用到异形构件、斜拉桥、悬索桥等三维模型复杂的建筑中进行建模与统计分析,超强的曲线和曲面处理能力使其在工程领域非常占据优势,它提供了非常多的造型功能来满足人们的不同造型需求,而且还能够在较大程度上满足人们在曲面设计过程中对曲面光滑性的需求。在桥梁上应用广泛,尤其在复杂、异形桥梁上更为适用。

CATIA 建模通常采用两种设计方法。

(1) 自下而上设计

设计人员先设计出产品的每个零件模型,再通过装配形成产品装配模型。这样每个零件模型都是孤立的,其中某个零件的设计变更时就会影响与之相关零件的结构和尺寸,这些相关零件的结构和尺寸就需要重新设计,这种设计方法需要不断修正各零件的设计来达到设计要求,在效率以及控制设计错误方面往往无法满足需要,但对于简单构件来说非常适用。

(2) 自上而下设计

通过在装配过程中逐个设计零件来完成整个产品设计的方法。自上而下的产品设计是从产品功能要求出发,通过在装配过程中设计零件来实现产品的功能。根据初步设计方案,分析各零件间的结构和尺寸依赖关系来确定每个零件的设计参数,在装配过程中利用零件间的结构和尺寸关系形成的关联来完成设计,在设计修改时只需要修改不满意之处，与之相关联零件的尺寸和结构会随着零件的关联关系更新而改变，从而得到满足功能要求的产品设计。

"骨架+模板"是一种自上而下的三维建模方法，以钢箱梁总体布置骨架为主导，以构件设计模板为核心，结合参数化功能，对钢箱梁进行三维设计。事先把关键位置关系用简单的元素（如点、线、面等）来确定，各部件则参考这些元素进行建模，最后直接组合成为整个结构。这些关键的简单元素可以统称为骨架，它起到了枢纽的作用，既体现了构件之间的相对位置关系，也为各个构件的建模提供了共同的参考，骨架线还是模板实例化的输入条件。骨架驱动的好处就是可以不用机械装配模式来进行组合，事先就可以确定好各自构件的相对位置关系。此外，还可以结合骨架驱动方法进行项目工作分解，使得设计人员可以并行工作。

CATIA软件拥有广泛的可交互软件，导入导出信息的格式较多，操作方便，一方面可以实现快速的信息添加、更新，另一方面可以实现设计阶段全面的功能应用，如结构性能分析、数控加工制造、施工过程模拟等。

3.4 钢桥全生命周期工程信息化

3.4.1 钢箱梁信息模型产品和过程模型数据

钢箱梁桥工程从项目策划、方案设计、初步设计到施工图设计，再到后续的加工制造、现场施工安装以及后期的运营管养，全生命周期不同阶段信息化模型产品的几何精度和信息深度应该是一个逐渐深化丰富的发展过程。为了方便工程各参与方在不同阶段及过程中进行模型及信息的及时传递、共享，满足工程需要，应对过程及交付的信息模型产品的几何精度和信息深度进行合理的划分和要求。

1. 钢箱梁信息模型几何精度要求

钢箱梁设计阶段主要按照方案设计、初步设计、施工图设计来划分，其信息模型几何精度要求如表3-4所示，要求信息化模型几何建模能体现结构响应构件的几何特征。

钢箱梁不同阶段信息模型几何精度要求　　　　表3-4

项目要素		方案设计阶段	初步设计阶段	施工图设计阶段
顶板系统	顶板	△	△	△
	顶板加劲肋	△	△	△
底板系统	底板	△	△	△
	底板加劲肋	△	△	△
腹板系统	腹板	△	△	△
	腹板加劲肋	△	△	△

续表

项目要素		方案设计阶段	初步设计阶段	施工图设计阶段
横隔板系统	横隔板	△	△	△
	横隔板加劲肋		△	△
悬臂隔板系统	悬臂隔板	△	△	△
	悬臂隔板加劲板		△	△
侧封板		△	△	△
支座加劲板			△	△
支座垫板			△	△
装饰板		△	△	△
检修孔构造				△
梁端槽口构造				△

注：表中"△"表示应创建模型。

2. 钢箱梁信息模型信息深度要求

钢箱梁信息模型信息深度应与几何精度一致，随项目开展逐渐深化完善，以满足各阶段实际功能应用的需求。钢箱梁信息模型信息内容及深度主要根据各阶段功能应用，并结合钢箱梁结构划分进行具体要求。钢箱梁结构为板件的焊接拼接结构，从钢箱梁的顶板、底板、腹板、横隔板、各类加劲肋等板件，到顶板系统、底板系统、腹板系统、横隔板系统、悬臂隔板系统，再到拼装为钢箱梁，最终形成钢箱梁工程，如图 3-12 所示。本节按结构划分层次进行信息深度描述，并基于 CATIA 软件进行信息化 BIM 模型实例化展示。

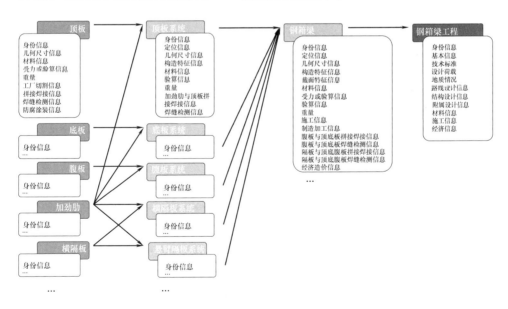

图 3-12 钢箱梁桥信息框架

（1）顶板信息深度要求

顶板 CATIA 信息模型见图 3-13，顶板信息深度要求见表 3-5。

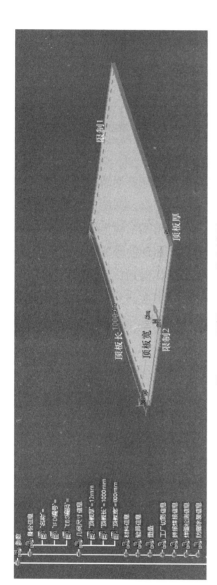

图 3-13 顶板 CATIA 信息模型

顶板信息深度要求

表 3-5

序号	信息名称		内容类别	方案设计	初步设计	施工图设计	单位或注释
1	身份信息	名称	文字	△	△	△	
2		IFD 编号	文字	△	△	△	
3		EBS 编码	文字	△	△	△	
4	几何尺寸信息	顶板长度	数值	△	△	△	m
5		顶板宽度	数值	△	△	△	m
6		顶板厚度	数值	△	△	△	m
7	材料信息	材料类型	枚举型	△	△	△	
8		材料型号	枚举型		△	△	
9		弹性模量	数值		△	△	MPa
10		剪切模量	数值		△	△	MPa

续表

序号	信息名称		内容类别	方案设计	初步设计	施工图设计	单位或注释
11	材料信息	线膨胀系数	数值		△	△	1/℃
12		泊松比	数值		△	△	
13		密度	数值		△	△	kg/m³
14		抗拉、抗压和抗弯强度设计值	数值		△	△	
15		抗剪强度设计值	数值		△	△	
16		端面承压(刨平顶紧)强度设计值	数值		△	△	
17	受力或验算信息	顶板最大正应力	数值	△	△	△	MPa
18		顶板最小正应力	数值	△	△	△	MPa
19		顶板最小厚度验算	枚举型	△	△	△	
20		翼缘板弯曲正应力验算	枚举型	△	△	△	
21	重量	重量	数值		△	△	kg
22	工厂切割信息	板件形状类型	枚举型			△	
23		坡口形式	枚举型			△	
24		坡口尺寸	数值			△	mm
25		切割设备	枚举型			△	
26		切割工艺要求	文字			△	
27	拼接焊接信息	对齐方式	枚举型	△	△	△	
28		焊缝类型	枚举型			△	
29		接头形式	枚举型		△	△	
30		焊脚类型	枚举型			△	
31		焊脚尺寸	数值		△	△	mm

续表

序号	信息名称		内容类别	方案设计	初步设计	施工图设计	单位或注释
32	拼接焊接信息	焊接类型	枚举型			△	
33		焊接方法	枚举型			△	
34		焊剂型号	枚举型			△	
35		焊条型号	枚举型			△	
36		衬垫类型	枚举型			△	
37		焊接姿态	枚举型			△	
38		焊接难度	枚举型			△	
39	焊缝检测信息	外观检测要求	文字			△	
40		焊缝质量等级	枚举型			△	
41		探伤方法	枚举型			△	
42		检验等级	枚举型			△	
43		评定等级	枚举型			△	
44		探伤比例	数值			△	
45		探伤部位	文字			△	
46	防腐涂装信息	板件防腐类型	枚举型		△	△	
47		防腐技术要求	文字			△	
48		内防腐面积	数值			△	m²
49		外防腐面积	数值			△	m²
50		桥面防腐面积	数值			△	m²

注：表中△代表该阶段需进行的工作内容。

(2) 底板信息深度要求

底板CATIA信息模型见图3-14，底板信息深度要求见表3-6。

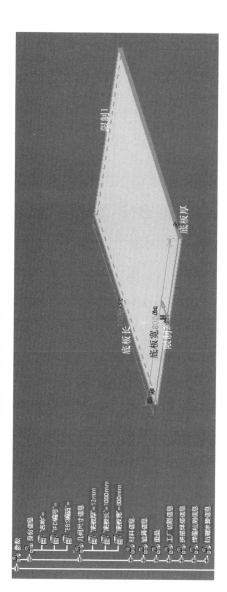

图 3-14 底板 CATIA 信息模型

底板信息深度要求

表 3-6

序号	信息名称	名称	内容类别	方案设计	初步设计	施工图设计	单位或注释
1	身份信息	IFD编号	文字	△	△	△	
2		EBS编码	文字	△	△	△	
3		底板长度	文字	△	△	△	
4	几何尺寸信息	底板长度	数值	△	△	△	m
5		底板宽度	数值	△	△	△	m
6		底板厚度	数值	△	△	△	m

续表

序号	信息名称		内容类别	方案设计	初步设计	施工图设计	单位或注释
7	材料信息	材料类型	枚举型		△	△	
8		材料型号	枚举型		△	△	
9		弹性模量	数值		△	△	MPa
10		剪切模量	数值		△	△	MPa
11		线膨胀系数	数值		△	△	1/℃
12		泊松比	数值		△	△	
13		密度	数值		△	△	kg/m³
14		抗拉、抗压和抗弯强度设计值	数值		△	△	
15		抗剪强度设计值	数值		△	△	
16		端面承压(刨平顶紧)强度设计值	数值		△	△	
17	受力或验算信息	底板最大正应力	数值		△	△	MPa
18		底板最小正应力	数值		△	△	MPa
19		翼缘板弯曲正应力验算	数值	△	△	△	
20	重量	重量	数值	△	△	△	kg
21	工厂切割信息	板件形状类型	枚举型	△	△	△	
22		坡口形式	枚举型		△	△	
23		坡口尺寸	数值		△	△	mm
24		切割设备	枚举型		△	△	
25		切割工艺要求	文字		△	△	
26	拼接焊接信息	焊缝类型	枚举型		△	△	
27		接头形式	枚举型		△	△	

续表

序号	信息名称		内容类别	方案设计	初步设计	施工图设计	单位或注释
28	拼装焊接信息	焊脚类型	枚举型			△	
29		焊脚尺寸	数值			△	mm
30		焊接类型	枚举型			△	
31		焊接方法	枚举型			△	
32		焊剂型号	枚举型			△	
33		焊条型号	枚举型			△	
34		衬垫类型	枚举型			△	
35		焊接姿态	枚举型			△	
36		焊接难度	枚举型			△	
37		对齐方式	枚举型	△		△	
38	焊缝检测信息	外观检测要求	文字			△	
39		焊缝质量等级	枚举型			△	
40		探伤方法	枚举型			△	
41		检验等级	枚举型			△	
42		评定等级	枚举型			△	
43		探伤比例	数值			△	
44		探伤部位	文字			△	
45	防腐涂装信息	板件防腐类型	枚举型		△	△	
46		防腐技术要求	文字		△	△	
47		内防腐面积	数值			△	m²
48		外防腐面积	数值			△	m²

注：表中△代表该阶段需进行的工作内容。

(3) 腹板信息深度要求

腹板CATIA信息模型见图3-15，腹板信息深度要求见表3-7。

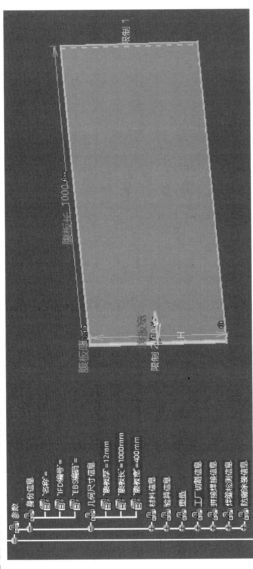

图3-15 腹板CATIA信息模型

腹板信息深度要求

表3-7

序号	信息名称		名称	内容类别	方案设计	初步设计	施工图设计	单位或注释
1	身份信息		IFD编号	文字	△	△	△	
2			名称	文字	△	△	△	
3			EBS编码	文字	△	△	△	
4	几何尺寸信息		腹板长度	数值	△	△	△	m
5			腹板宽度	数值	△	△	△	m
6			腹板厚度	数值	△	△	△	m

续表

序号		信息名称	内容类别	方案设计	初步设计	施工图设计	单位或注释
7	材料信息	材料类型	枚举型	△	△	△	
8		材料型号	枚举型	△	△	△	
9		弹性模量	数值		△	△	MPa
10		剪切模量	数值		△	△	MPa
11		线膨胀系数	数值		△	△	1/℃
12		泊松比	数值		△	△	
13		密度	数值		△	△	kg/m³
14		抗拉、抗压和抗弯强度设计值	数值		△	△	
15		抗剪强度设计值	数值		△	△	
16		端面承压（刨平顶紧）强度设计值	数值		△	△	
17	受力或验算信息	腹板最大正应力	数值	△	△	△	MPa
18		腹板最大剪应力	数值	△	△	△	MPa
19		腹板最小厚度验算	枚举型	△	△	△	
20		腹板剪应力验算	枚举型		△	△	
21		腹板在正应力和剪应力共同作用下的验算	枚举型		△	△	
22	重量	重量	数值	△	△	△	kg
23	工厂切割信息	板件形状类型	枚举型			△	
24		坡口形式	枚举型			△	
25		坡口尺寸	数值			△	mm
26		切割设备	枚举型			△	
27		切割工艺要求	文字			△	

续表

序号		信息名称	内容类别	方案设计	初步设计	施工图设计	单位或注释
28	拼接焊接信息	焊缝类型	枚举型			△	
29		接头形式	枚举型			△	
30		焊脚类型	枚举型			△	
31		焊脚尺寸	数值			△	mm
32		焊接类型	枚举型			△	
33		焊剂型号	枚举型			△	
34		焊接方法	枚举型			△	
35		焊条型号	枚举型			△	
36		衬垫类型	枚举型			△	
37		焊接姿态	枚举型			△	
38		焊接难度	枚举型			△	
39	焊缝检测信息	对齐方式	枚举型	△		△	
40		外观检测要求	文字			△	
41		焊缝质量等级	枚举型			△	
42		探伤方法	枚举型			△	
43		检验等级	枚举型			△	
44		评定等级	枚举型			△	
45		探伤比例	数值			△	
46		探伤部位	文字			△	
47	防腐涂装信息	板件防腐类型	枚举型		△	△	
48		防腐技术要求	文字			△	
49		内防腐面积	数值			△	m²
50		外防腐面积	数值			△	m²

注：表中△代表该阶段需进行的工作内容。

(4) 侧封板信息深度要求

侧封板CATIA信息模型见图3-16，侧封板信息深度要求见表3-8。

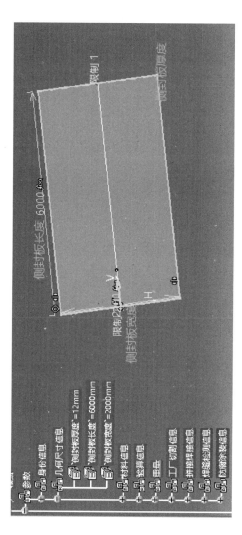

图 3-16 侧封板 CATIA 信息模型

侧封板信息深度要求

表 3-8

序号	信息名称	名称	内容类别	方案设计	初步设计	施工图设计	单位或注释
1	身份信息	IFD编号	文字	△	△	△	
2		EBS编码	文字	△	△	△	
3			文字	△	△	△	
4	几何尺寸信息	侧封板长度	数值	△	△	△	m
5		侧封板宽度	数值	△	△	△	m
6		侧封板厚度	数值	△	△	△	m

续表

序号	信息名称		内容类别	方案设计	初步设计	施工图设计	单位或注释
7	材料信息	材料类型	枚举型	△	△	△	
8		材料型号	枚举型	△	△	△	
9		弹性模量	数值		△	△	MPa
10		剪切模量	数值		△	△	MPa
11		线膨胀系数	数值		△	△	1/℃
12		泊松比	数值		△	△	
13		密度	数值		△	△	kg/m³
14		抗拉、抗压和抗弯强度设计值	数值		△	△	
15		抗剪强度设计值	数值		△	△	
16		端面承压(刨平顶紧)强度设计值	数值		△	△	
17	重量		数值	△		△	kg
18	工厂切割信息	板件形状类型	枚举型		△	△	
19		坡口形式	枚举型		△	△	
20		坡口尺寸	数值			△	mm
21		切割设备	枚举型			△	
22		切割工艺要求	文字			△	
23	拼接焊接信息	焊缝类型	枚举型		△	△	
24		接头形式	枚举型		△	△	
25		焊脚类型	枚举型		△	△	
26		焊脚尺寸	数值		△	△	mm
27		焊接类型	枚举型		△	△	

续表

序号	信息名称		内容类别	方案设计	初步设计	施工图设计	单位或注释
28	拼接焊接信息	焊接方法	枚举型			△	
29		焊剂型号	枚举型			△	
30		焊条型号	枚举型			△	
31		衬垫类型	枚举型			△	
32		焊接姿态	枚举型			△	
33		焊接难度	文字			△	
34	焊缝检测信息	外观检测要求	枚举型			△	
35		焊缝质量等级	枚举型			△	
36		探伤方法	枚举型			△	
37		检验等级	枚举型			△	
38		评定等级	数值			△	
39		探伤比例	文字			△	
40		探伤部位	枚举型			△	
41	防腐涂装信息	板件防腐类型	文字		△		
42		防腐技术要求	数值			△	
43		内防腐面积	数值			△	m²
44		外防腐面积				△	m²

注：表中△代表该阶段需进行的工作内容。

（5）横隔板信息深度要求

横隔板CATIA信息模型见图3-17，横隔板信息深度要求见表3-9。

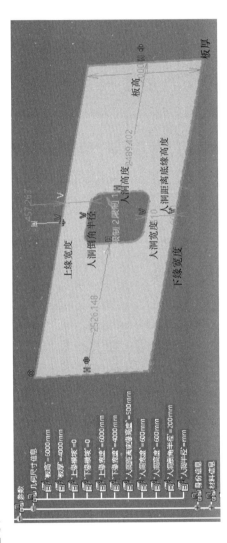

图3-17 横隔板CATIA信息模型

横隔板信息深度要求

表3-9

序号	信息名称		内容类别	方案设计	初步设计	施工图设计	单位或注释
1	身份信息	名称	文字	△	△	△	
2		IFD编号	文字	△	△	△	
3		EBS编码	文字	△	△	△	
4	几何尺寸信息	板高	数值	△	△	△	m
5		板厚	数值	△	△	△	m
6		上缘横坡	数值		△	△	
7		下缘横坡	数值		△	△	

续表

序号	信息名称		内容类别	方案设计	初步设计	施工图设计	单位或注释
8	几何尺寸信息	上缘宽度	数值		△	△	m
9		下缘宽度	数值		△	△	m
10		人洞距离底缘高度	数值		△	△	m
11		人洞宽度	数值		△	△	m
12		人洞高度	数值		△	△	m
13		人洞倒角半径	数值		△	△	m
14		人洞半径	数值		△	△	m
15	构造特征信息	是否开人洞	枚举型		△	△	
16		人洞形状类型	枚举型		△	△	
17	材料信息	材料类型	枚举型	△	△	△	
18		材料型号	枚举型	△	△	△	
19		弹性模量	数值		△	△	MPa
20		剪切模量	数值		△	△	MPa
21		线膨胀系数	数值		△	△	1/℃
22		泊松比	数值		△	△	
23		密度	数值		△	△	kg/m³
24		抗拉、抗压和抗弯强度设计值	数值		△	△	
25		抗剪强度设计值	数值		△	△	
26		端面承压(刨平顶紧)强度设计值	数值		△	△	
27	受力或验算信息	横隔板最大应力	数值		△	△	MPa
28		横隔板应力验算	枚举型		△	△	

续表

序号	信息名称		内容类别	方案设计	初步设计	施工图设计	单位或注释
29	重量	重量	数值	△	△	△	kg
30	工厂切割信息	板件形状类型	枚举型			△	
31		坡口形式	枚举型			△	
32		坡口尺寸	数值			△	mm
33		切割设备	枚举型			△	
34		切割工艺要求	文字			△	
35	拼接焊接信息	焊缝类型	枚举型			△	
36		接头形式	枚举型			△	
37		焊脚类型	枚举型			△	
38		焊脚尺寸	数值			△	mm
39		焊接方法	枚举型			△	
40		焊剂型号	枚举型			△	
41		焊条型号	枚举型			△	
42		衬垫类型	枚举型			△	
43		焊接姿态	枚举型			△	
44		焊接难度	枚举型			△	
45	焊缝检测信息	外观检测要求	文字			△	
46		焊缝质量等级	枚举型			△	
47		探伤方法	枚举型			△	
48		检验等级	枚举型			△	
49		评定等级	枚举型			△	
50		探伤比例	数值			△	
51		探伤部位	文字			△	
52	防腐涂装信息	板件防腐类型	枚举型		△	△	
53		防腐技术要求	文字			△	
54		内防腐面积	数值			△	m²
55		外防腐面积	数值			△	m²

注：表中△代表该阶段需进行的工作内容。

（6）悬臂隔板信息深度要求

悬臂隔板信息深度要求见表 3-10。

悬臂隔板信息深度要求

表 3-10

序号	信息名称		内容类别	方案设计	初步设计	施工图设计	单位或注释
1	身份信息	名称	文字	△	△	△	
2		IFD 编号	文字	△	△	△	
3		EBS 编码	文字	△	△	△	
4	几何尺寸信息	左侧板高	数值	△	△	△	m
5		右侧板高	数值	△	△	△	m
6		板厚	数值		△	△	mm
7		上缘横坡	数值		△	△	
8		上缘宽度	数值	△	△	△	m
9		下缘宽度	数值	△	△	△	m
10	材料信息	材料类型	枚举型		△	△	
11		材料型号	枚举型		△	△	
12		弹性模量	数值		△	△	MPa
13		剪切模量	数值		△	△	MPa
14		线膨胀系数	数值		△	△	1/℃
15		泊松比	数值		△	△	
16		密度	数值		△	△	kg/m³
17		抗拉、抗压和抗弯强度设计值	数值		△	△	
18		抗剪强度设计值	数值		△	△	
19		端面承压（刨平顶紧）强度设计值	数值		△	△	

续表

序号	信息名称		内容类别	方案设计	初步设计	施工图设计	单位或注释
20	受力或验算信息	悬臂隔板最大应力	数值			△	MPa
21		悬臂隔板应力验算	枚举型			△	
22	重量	重量	数值	△	△	△	kg
23	工厂切割信息	板件形状类型	枚举型			△	
24		坡口形式	枚举型			△	
25		坡口尺寸	数值			△	mm
26		切割设备	枚举型			△	
27		切割工艺要求	文字			△	
28	拼接焊接信息	焊缝类型	枚举型			△	
29		接头形式	枚举型			△	
30		焊脚类型	枚举型			△	
31		焊脚尺寸	数值			△	mm
32		焊接类型	枚举型			△	
33		焊接方法	枚举型			△	
34		焊剂型号	枚举型			△	
35		焊条型号	枚举型			△	
36		衬垫类型	枚举型			△	
37		焊接姿态	枚举型			△	
38		焊接难度	枚举型			△	
39	焊缝检测信息	外观检测要求	文字			△	
40		焊缝质量等级	枚举型			△	

续表

序号	信息名称		内容类别	方案设计	初步设计	施工图设计	单位或注释
41	焊缝检测信息	探伤方法	枚举型			△	
42		检验等级	枚举型			△	
43		评定等级	枚举型			△	
44		探伤比例	数值			△	
45		探伤部位	文字			△	
46	防腐涂装信息	板件防腐类型	枚举型		△		
47		防腐技术要求	文字			△	
48		内防腐面积	数值			△	m²
49		外防腐面积	数值			△	m²

注：表中△代表该阶段需进行的工作内容。

（7）板肋信息深度要求

板肋CATIA信息模型见图3-18，板肋信息深度要求见表3-11。

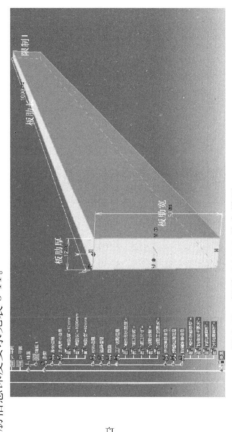

图 3-18 板肋 CATIA 信息模型

板肋信息深度要求

表 3-11

序号	信息名称	名称	内容类别	方案设计	初步设计	施工图设计	单位或注释
1	身份信息	IFD编号	文字	△	△	△	
2		EBS编码	文字	△	△	△	
3	几何尺寸信息	板肋长度	数值	△	△	△	mm
4		板肋宽度	数值	△	△	△	mm
5		板肋厚度	数值	△	△	△	mm
6		材料类型	枚举型	△	△	△	
7		材料型号	枚举型	△	△	△	
8	材料信息	弹性模量	数值		△	△	MPa
9		剪切模量	数值		△	△	MPa
10		线膨胀系数	数值		△	△	1/℃
11		泊松比	数值		△	△	
12		密度	数值		△	△	kg/m³
13	验算信息	抗拉、抗压和抗弯强度设计值	数值		△	△	
14		抗剪强度设计值	数值		△	△	
15		端面承压(刨平顶紧)强度设计值	数值		△	△	
16		加劲肋几何尺寸验算	枚举型	△	△	△	
17	重量	重量	数值	△	△	△	kg
18	工厂切割信息	板件形状类型	枚举型		△	△	
19		坡口形式	枚举型		△	△	
20		坡口尺寸	数值		△	△	mm
21		切割设备	枚举型		△	△	
22		切割工艺要求	文字			△	

续表

序号	信息名称		内容类别	方案设计	初步设计	施工图设计	单位或注释
24	拼接焊接信息	焊缝类型	枚举型			△	
25		接头形式	枚举型			△	
26		焊脚类型	枚举型			△	
27		焊脚尺寸	数值			△	mm
28		焊接类型	枚举型			△	
29		焊接方法	枚举型			△	
30		焊剂型号	枚举型			△	
31		焊条型号	枚举型			△	
32		衬垫类型	枚举型			△	
33		焊接姿态	枚举型			△	
34		焊接难度	枚举型			△	
35	焊缝检测信息	外观检测要求	文字			△	
36		焊缝质量等级	枚举型			△	
37		探伤方法	枚举型			△	
38		检验等级	枚举型			△	
39		评定等级	枚举型			△	
40		探伤比例	数值			△	
41		探伤部位	文字			△	
42	防腐涂装信息	构件防腐类型	枚举型		△	△	
43		防腐技术要求	文字			△	
44		内防腐面积	数值			△	m²
45		外防腐面积	数值			△	m²

注：表中△代表该阶段需进行的工作内容。

(8) T肋信息深度要求

T肋CATIA信息模型见图3-19，T肋信息深度要求见表3-12。

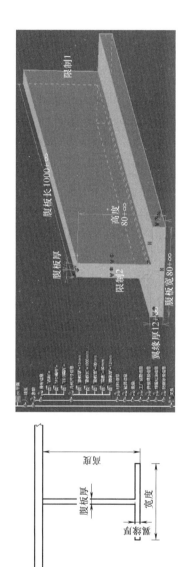

图 3-19 T肋CATIA信息模型

T肋信息深度要求

表 3-12

序号	信息名称		内容类别	方案设计	初步设计	施工图设计	单位或注释
1	身份信息	名称	文字	△	△	△	
2		IFD 编号	文字	△	△	△	
3		EBS 编码	文字	△	△	△	
4	几何尺寸信息	腹板长度	数值	△	△	△	mm
5		高度	数值	△	△	△	mm
6		腹板宽度	数值	△	△	△	mm
7		腹板厚度	数值	△	△	△	mm
8		翼缘厚度	数值	△	△	△	mm

续表

序号	信息名称		内容类别	方案设计	初步设计	施工图设计	单位或注释
9	材料信息	材料类型	枚举型	△	△	△	
10		材料型号	枚举型	△	△	△	
11		弹性模量	数值		△	△	MPa
12		剪切模量	数值		△	△	MPa
13		线膨胀系数	数值		△	△	1/℃
14		泊松比	数值		△	△	
15		密度	数值		△	△	kg/m³
16		抗拉、抗压和抗弯强度设计值	数值		△	△	
17		抗剪强度设计值	数值		△	△	
18		端面承压（刨平顶紧）强度设计值	数值		△	△	
19	验算信息	加劲肋几何尺寸验算	枚举型	△	△	△	
20	重量	重量	数值	△	△	△	kg
21	工厂切割信息	板件形状类型	枚举型		△	△	
22		坡口形式	枚举型		△	△	
23		坡口尺寸	数值		△	△	mm
24		切割设备	枚举型		△	△	
25		切割工艺要求	文字		△	△	
26	拼接焊接信息	焊缝类型	枚举型		△	△	
27		接头形式	枚举型		△	△	
28		焊脚类型	枚举型		△	△	
29		焊脚尺寸	数值			△	mm

续表

序号		信息名称	内容类别	方案设计	初步设计	施工图设计	单位或注释
30	拼接焊接信息	焊接类型	枚举型			△	
31		焊接方法	枚举型			△	
32		焊剂型号	枚举型			△	
33		焊条型号	枚举型			△	
34		衬垫类型	枚举型			△	
35		焊接姿态	枚举型			△	
36		焊接难度	枚举型			△	
37	焊缝检测信息	外观检测要求	文字			△	
38		焊缝质量等级	枚举型			△	
39		探伤方法	枚举型			△	
40		检验等级	枚举型			△	
41		评定等级	枚举型			△	
42		探伤比例	数值			△	
43		探伤部位	文字			△	
44	防腐涂装信息	板件防腐类型	枚举型		△	△	
45		防腐技术要求	文字			△	
46		内防腐面积	数值			△	m²
47		外防腐面积	数值			△	m²

注：表中△代表该阶段需进行的工作内容。

(9) U 肋 CATIA 信息深度要求

U 肋 CATIA 信息模型见图 3-20，U 肋信息深度要求见表 3-13。

图 3-20 U 肋 CATIA 信息模型

U 肋信息深度要求

表 3-13

序号	信息名称	名称	内容类别	方案设计	初步设计	施工图设计	单位或注释
1	身份信息	名称	文字	△	△	△	
2		IFD 编号	文字	△	△	△	
3		EBS 编码	文字	△	△	△	
4	几何尺寸信息	U 肋长度	数值	△	△	△	mm
5		高度	数值	△	△	△	mm
6		顶部宽度	数值	△	△	△	mm
7		底部宽度	数值	△	△	△	mm
8		厚度	数值	△	△	△	mm
9		倒角半径	数值	△	△	△	mm

第 3 章 工程信息学及钢桥应用

111

续表

序号	信息名称		内容类别	方案设计	初步设计	施工图设计	单位或注释
10	材料信息	材料类型	枚举型	△	△	△	
11		材料型号	枚举型	△	△	△	
12		弹性模量	数值		△	△	MPa
13		剪切模量	数值		△	△	MPa
14		线膨胀系数	数值		△	△	1/℃
15		泊松比	数值		△	△	
16		密度	数值		△	△	kg/m³
17	验算信息	抗拉、抗压和抗弯强度设计值	数值		△	△	
18		抗剪强度设计值	数值		△	△	
19		端面承压（刨平顶紧）强度设计值	数值		△	△	
20		加劲肋几何尺寸验算	枚举型	△	△	△	
21		闭口加劲肋几何尺寸验算	枚举型	△	△	△	
22	重量	重量	数值	△	△	△	kg
23	工厂切割信息	板件形状类型	枚举型		△	△	
24		坡口形式	枚举型		△	△	
25		坡口尺寸	数值		△	△	mm
26		切割设备	枚举型			△	
27		切割工艺要求	文字			△	

续表

序号	信息名称		内容类别	方案设计	初步设计	施工图设计	单位或注释
28	拼接焊接信息	焊缝类型	枚举型			△	
29		接头形式	枚举型			△	
30		焊脚类型	枚举型			△	
31		焊脚尺寸	数值			△	mm
32		焊接类型	枚举型			△	
33		焊接方法	枚举型			△	
34		焊剂型号	枚举型			△	
35		焊条型号	枚举型			△	
36		衬垫类型	枚举型			△	
37		焊接姿态	枚举型			△	
38		焊接难度	枚举型			△	
39	焊缝检测信息	外观检测要求	文字			△	
40		焊缝质量等级	枚举型			△	
41		探伤方法	枚举型			△	
42		检验等级	枚举型			△	
43		评定等级	枚举型			△	
44		探伤比例	数值			△	
45		探伤部位	文字			△	
46	防腐涂装信息	板件防腐类型	枚举型		△	△	
47		防腐技术要求	文字			△	
48		内防腐面积	数值			△	m²
49		外防腐面积	数值			△	m²

注：表中△代表该阶段需进行的工作内容。

(10) 顶板系统信息深度要求

顶板系统几何尺寸信息示意图见图 3-21，顶板系统 CATIA 信息模型见图 3-22，顶板系统信息深度要求见表 3-14。

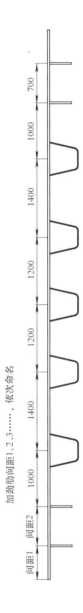

图 3-21 顶板系统几何尺寸信息示意图

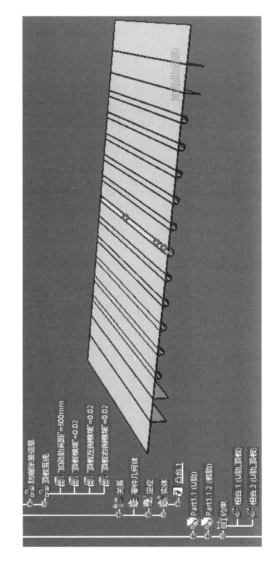

图 3-22 顶板系统 CATIA 信息模型

顶板系统信息深度要求

表 3-14

序号	信息名称	名称	内容类别	方案设计	初步设计	施工图设计	单位或注释
1	身份信息	IFD 编号	文字	△	△	△	
2		EBS 编码	文字	△	△	△	
3	定位信息	定位点坐标	数值	△	△	△	m
4	几何尺寸信息	顶板横坡	数值	△	△	△	
5		顶板左侧横坡	数值	△	△	△	
6		顶板右侧横坡	数值	△	△	△	
7		加劲肋间距	数值	△	△	△	m
8	构造特征信息	顶板横坡类型	枚举型	△	△	△	
9		顶板加劲肋类型	枚举型	△	△	△	
10	材料信息	材料类别	枚举型	△	△	△	
11		材料型号	枚举型		△	△	
12	验算信息	顶板最小厚度验算	枚举型	△	△	△	
13		受压加劲肋刚度验算	枚举型			△	
14		正交异性桥面顶板的挠跨比验算	枚举型			△	
15	重量	重量	数值	△	△	△	kg
16	加劲肋与顶板拼接焊接信息	焊缝类型	枚举型		△	△	
17		接头形式	枚举型		△	△	
18		焊脚类型	枚举型		△	△	
19		焊脚尺寸	数值		△	△	mm
20		焊接类型	枚举型		△	△	

续表

序号	信息名称		内容类别	方案设计	初步设计	施工图设计	单位或注释
22	加劲肋与顶板拼接焊接信息	焊接方法	枚举型			△	
23		焊剂型号	枚举型			△	
24		焊条型号	枚举型			△	
25		衬垫类型	枚举型			△	
26		焊接姿态	枚举型			△	
27		焊接难度	文字			△	
28	焊缝检测信息	外观检测要求	枚举型			△	
29		焊缝质量等级	枚举型			△	
30		探伤方法	枚举型			△	
31		检验等级	枚举型			△	
32		评定等级	枚举型			△	
33		探伤比例	数值			△	
34		探伤部位	文字			△	

注：表中△代表该阶段需进行的工作内容。

(11) 底板系统信息深度要求

底板系统与顶板系统几何尺寸、加劲肋布置信息描述一致。底板系统CATIA信息模型见图3-23，底板系统信息深度要求见表3-15。

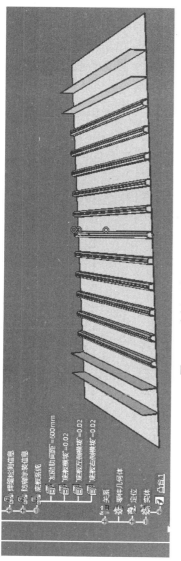

图 3-23 底板系统 CATIA 信息模型

底板系统信息深度要求

表 3-15

序号	信息名称	名称	内容类别	方案设计	初步设计	施工图设计	单位或注释
1	身份信息	IFD 编号	文字	△	△	△	
2		EBS 编码	文字	△	△	△	
3	定位信息	定位点坐标	文字	△	△	△	m
4	几何尺寸信息	底板横坡	数值	△	△	△	
5		底板左侧横坡	数值	△	△	△	
6		底板右侧横坡	数值	△	△	△	
7		加劲肋间距	数值	△	△	△	m
8	构造特征信息	底板横坡类型	枚举型	△	△	△	
9		底板加劲肋类型	枚举型	△	△	△	
10	材料信息	材料类型	枚举型		△	△	
11		材料型号	枚举型		△	△	
12							

第 3 章 工程信息学及钢桥应用

续表

序号	信息名称		内容类别	方案设计	初步设计	施工图设计	单位或注释
13	验算信息	受压加劲肋刚度验算	枚举型		△	△	
14	重量	重量	数值	△	△	△	kg
15	加劲肋与底板拼接焊接信息	焊缝类型	枚举型			△	
16		接头形式	枚举型			△	
17		焊脚类型	枚举型			△	
18		焊脚尺寸	数值			△	mm
19		焊接类型	枚举型			△	
20		焊接方法	枚举型			△	
21		焊剂型号	枚举型			△	
22		焊条型号	枚举型			△	
23		衬垫类型	枚举型			△	
24		焊接姿态	枚举型			△	
25		焊接难度	枚举型			△	
26	焊缝检测信息	外观检测要求	文字			△	
27		焊缝质量等级	枚举型			△	
28		探伤方法	枚举型			△	
29		检验等级	枚举型			△	
30		评定等级	枚举型			△	
31		探伤比例	数值			△	
32		探伤部位	文字			△	

注：表中△代表该阶段需进行的工作内容。

(12) 腹板系统信息深度要求

腹板系统与顶板系统几何尺寸、加劲肋布置信息描述一致。腹板系统CATIA信息模型见图3-24，腹板系统信息深度要求见表3-16。

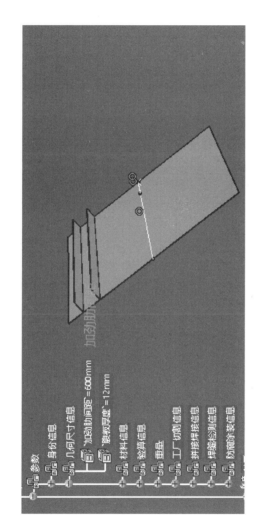

图3-24 腹板系统CATIA信息模型

腹板系统CATIA信息深度要求

表 3-16

序号	信息名称		内容类别	方案设计	初步设计	施工图设计	单位或注释
1	身份信息	名称	文字	△	△	△	
2		IFD编号	文字	△	△	△	
3		EBS编码	文字	△	△	△	
4	定位信息	定位点坐标	数值	△	△	△	m
5	几何尺寸信息	加劲肋间距	数值	△	△	△	m

续表

序号		信息名称	内容类别	方案设计	初步设计	施工图设计	单位或注释
6	构造特征信息	加劲肋布置方式	枚举型	△	△	△	
7		底板加劲肋类型	枚举型		△	△	
8	材料信息	材料类型	枚举型	△	△	△	
9		材料型号	枚举型	△	△	△	
10	验算信息	腹板横向加劲肋的间距要求	枚举型		△	△	
11		腹板横向加劲肋惯性矩要求	枚举型		△	△	
12		腹板纵向加劲肋惯性矩要求	枚举型		△	△	
13	重量	重量	数值	△		△	kg
14	加劲肋与底板拼接焊接信息	焊缝类型	枚举型			△	
15		接头形式	枚举型			△	
16		焊脚类型	枚举型			△	
17		焊脚尺寸	数值			△	mm
18		焊接类型	枚举型			△	
19		焊接方法	枚举型			△	
20		焊剂型号	枚举型			△	
21		焊条型号	枚举型			△	
22		衬垫类型	枚举型			△	
23		焊接姿态	枚举型			△	
24		焊接难度	文字			△	
25	焊缝检测信息	外观检测要求	枚举型			△	
26		焊缝质量等级	枚举型			△	
27		探伤方法	枚举型			△	
28		检验等级	枚举型			△	
29		评定等级	枚举型			△	
30		探伤比例	数值			△	
31		探伤部位	文字			△	

注：表中△代表该阶段需进行的工作内容。

(13) 横隔板系统信息深度要求

横隔板系统CATIA信息模型见图3-25，横隔板系统信息深度要求见表3-17。

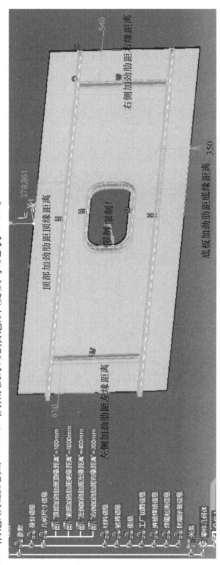

图 3-25 横隔板系统 CATIA 信息模型

横隔板系统信息深度要求

表 3-17

序号	信息名称	名称	内容类别	方案设计	初步设计	施工图设计	单位或注释
1	身份信息	IFD编号	文字	△	△	△	
2		EBS编码	文字	△	△	△	
3			文字				
4	定位信息	定位点坐标	数值	△	△	△	m
5	几何尺寸信息	顶部加劲肋距顶缘距离	数值	△	△	△	m
6		底部加劲肋距底缘距离	数值	△	△	△	m
7		左侧加劲肋距左缘距离	数值	△	△	△	m
8		右侧加劲肋距右缘距离	数值	△	△	△	m
9	材料信息	材料类型	枚举型	△	△	△	
10		材料型号	枚举型	△	△	△	

续表

序号	信息名称		内容类别	方案设计	初步设计	施工图设计	单位或注释
11	验算信息	横隔板刚度验算	枚举型			△	
12	重量	重量	数值	△	△	△	kg
13	工厂切割信息	板件形状类型	枚举型			△	
14		坡口形式	枚举型			△	
15		坡口尺寸	数值			△	mm
16		切割设备	枚举型			△	
17		切割工艺要求	文字			△	
18	拼接焊接信息	焊缝类型	枚举型			△	
19		接头形式	枚举型			△	
20		焊脚类型	枚举型			△	
21		焊脚尺寸	数值			△	mm
22		焊接类型	枚举型			△	
23		焊接方法	枚举型			△	
24		焊剂型号	枚举型			△	
25		焊条型号	枚举型			△	
26		衬垫类型	枚举型			△	
27		焊接姿态	枚举型			△	
28		焊接难度	枚举型			△	
29	焊缝检测信息	外观检测要求	文字			△	
30		焊缝质量等级	枚举型			△	
31		探伤方法	枚举型			△	
32		检验等级	枚举型			△	
33		评定等级	枚举型			△	
34		探伤比例	数值			△	
35		探伤部位	文字			△	
36	防腐涂装信息	板件防腐类型	枚举型		△	△	
37		防腐技术要求	文字			△	
38		内防腐面积	数值			△	m²
39		外防腐面积	数值			△	m²

注：表中△代表该阶段需进行的工作内容。

(14) 钢箱梁信息深度要求

钢箱梁为顶板系统、腹板系统、侧封板系统、底板系统及横隔板系统拼装焊接形成,其几何尺寸信息示意图见图3-26。钢箱梁信息深度要求见表3-18。

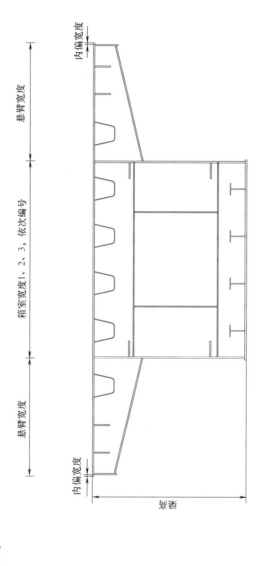

图 3-26 钢箱梁几何尺寸信息示意图

钢箱梁信息深度要求

表 3-18

序号	信息名称	名称	内容类别	方案设计	初步设计	施工图设计	单位或注释
1	身份信息	IFD编号	文字	△	△	△	
2		EBS编码	文字	△	△	△	
3			文字	△	△	△	
4	定位信息	定位点坐标	数值	△	△	△	m

续表

序号		信息名称	内容类别	方案设计	初步设计	施工图设计	单位或注释
5	几何尺寸信息	梁长	数值	△	△	△	m
6		梁高	数值	△	△	△	m
7		箱室个数	数值	△	△	△	
8		箱室宽度	数值	△	△	△	m
9		悬臂宽度	数值	△	△	△	m
10		腹板斜率	数值		△	△	
11	构造特征信息	侧封板内偏距离	数值		△	△	m
12		横隔板间距	数值	△	△	△	m
13		截面是否对称	枚举型	△	△	△	
14		边腹板类型	枚举型	△	△	△	
15		横隔板类型	枚举型	△	△	△	
16	截面特征信息	截面面积	数值	△	△	△	m²
17		截面形心高度	数值	△	△	△	m
18		竖向抗弯惯性矩	数值	△	△	△	m⁴
19		横向抗弯惯性矩	数值	△	△	△	m⁴
20		抗扭惯性矩	数值	△	△	△	m⁴
21	材料信息	材料类型	枚举型	△	△	△	
22		材料型号	枚举型	△	△	△	
23	受力或验算信息	横向加劲肋或隔板间距要求	枚举型		△	△	
24		横隔板间距要求	枚举型	△	△	△	
25		汽车荷载作用下向下最大挠度	数值		△	△	mm

续表

序号		信息名称	内容类别	方案设计	初步设计	施工图设计	单位或注释
26	受力或验算信息	汽车荷载作用下向上最大挠度	数值		△	△	mm
27		汽车荷载作用下的挠度验算	枚举型		△	△	
28		受弯构件的整体稳定性验算	枚举型		△	△	
29		活载作用下的最大正应力应力幅	数值			△	MPa
30		活载作用下的最大剪应力应力幅	数值			△	MPa
31		疲劳荷载验算	枚举型			△	
32	验算信息	构造验算	枚举型	△	△	△	
33		强度验算	枚举型	△	△	△	
34		疲劳验算	枚举型		△	△	
35		刚度验算	枚举型	△	△	△	
36		稳定验算	枚举型	△	△	△	
37	重量	重量	数值	△	△	△	t
38	施工信息	施工方法	枚举型	△	△	△	
39		施工工序	文字		△	△	
40		施工要求	文字		△	△	
41	制造加工信息	一般要求	文字	△	△	△	
42		变形和总体尺寸控制		△	△	△	
43	腹板与顶底板拼接焊接信息	对齐方式	枚举型		△	△	
44		焊缝类型	枚举型		△	△	
45		接头形式	枚举型		△	△	
46		焊脚类型	枚举型			△	

续表

序号	信息名称		内容类别	方案设计	初步设计	施工图设计	单位或注释
47	腹板与顶底板拼接焊接信息	焊脚尺寸	数值			△	mm
48		焊接类型	枚举型			△	
49		焊接方法	枚举型			△	
50		焊剂型号	枚举型			△	
51		焊条型号	枚举型			△	
52		衬垫类型	枚举型			△	
53		焊接姿态	枚举型			△	
54		焊接难度	枚举型			△	
55	腹板与顶底板焊缝检测信息	外观检测要求	文字			△	
56		焊缝质量等级	枚举型			△	
57		探伤方法	枚举型			△	
58		检验等级	枚举型			△	
59		评定等级	枚举型			△	
60		探伤比例	数值			△	
61		探伤部位	文字			△	
62	隔板与顶底腹板拼接焊接信息	对齐方式	枚举型	△	△	△	
63		焊缝类型	枚举型			△	
64		接头形式	枚举型			△	
65		焊脚类式	枚举型			△	
66		焊脚尺寸	数值			△	mm
67		焊脚类型	枚举型			△	

续表

序号		信息名称	内容类别	方案设计	初步设计	施工图设计	单位或注释
68	隔板与顶底腹板拼接焊接焊信息	焊接方法	枚举型			△	
69		焊剂型号	枚举型			△	
70		焊条型号	枚举型			△	
71		衬垫类型	枚举型			△	
72		焊接姿态	枚举型			△	
73		焊接难度	枚举型			△	
74	隔板与顶底腹板焊缝检测信息	外观检测要求	文字			△	
75		焊缝质量等级	枚举型			△	
76		探伤方法	枚举型			△	
77		检验等级	枚举型			△	
78		评定等级	枚举型			△	
79		探伤比例	数值			△	
80		探伤部位	文字			△	
81	经济造价信息	用钢量	数值	△	△	△	元/m²
82		钢箱梁估算基价	数值	△	△	△	元/10t
83		钢箱梁估算费用	数值	△	△	△	元
84		钢箱梁概算基价	数值		△	△	元/10t
85		钢箱梁概算费用	数值		△	△	元
86		钢箱梁预算基价	数值			△	元/10t
87		钢箱梁预算费用	数值			△	元

注：表中△代表该阶段需进行的工作内容。

(15) 钢箱梁工程信息深度要求

钢箱梁工程信息深度要求见表3-19。

钢箱梁工程信息深度要求

表 3-19

序号	信息名称		名称	内容类别	方案设计	初步设计	施工图设计	单位或注释
1	身份信息		IFD编号	文字	△	△	△	
2			EBS编码	文字	△	△	△	
3			项目名称	文字	△	△	△	
4	基本信息		项目性质	枚举型	△	△	△	
5			建设单位或注释	文字	△	△	△	
6			勘察单位或注释	文字	△	△	△	
7			设计单位或注释	文字	△	△	△	
8			施工单位或注释	文字	△	△	△	
9			工程地点	文字	△	△	△	
10			工程规模	文字	△	△	△	
11			项目工期	数值	△	△	△	
12	技术标准		设计依据	文字	△	△	△	
13			设计规范	文字	△	△	△	
14			道路等级	枚举型	△	△	△	
15			设计时速	枚举型	△	△	△	
16			设计洪水频率	枚举型	△	△	△	
17			设计通航要求	枚举型	△	△	△	
18			通航宽度	数值	△	△	△	
19								

续表

序号		信息名称	内容类别	方案设计	初步设计	施工图设计	单位或注释
20	技术标准	桥下净空	数值	△	△	△	
21		设计使用年限	枚举型	△	△	△	
22		设计基准期	枚举型	△	△	△	
23		安全等级	枚举型	△	△	△	
24		环境类别	枚举型	△	△	△	
25		护栏防撞等级	枚举型	△	△	△	
26	设计荷载	汽车荷载等级	枚举型	△	△	△	
27		人群荷载	数值	△	△	△	kN/m²
28		温度荷载	文字		△	△	包含整体温度、梯度温度
29		桥梁抗震设防类别	枚举型	△	△	△	
30		抗震烈度等级	枚举型	△	△	△	
31		抗震措施等级	枚举型	△	△	△	
32		地震动峰值加速度	枚举型		△	△	
33		设计基本风速	数值		△	△	m/s
34	地质情况	地理位置	文字	△	△	△	
35		地形地貌	文字	△	△	△	
36		气象条件	文字	△	△	△	也可以链接地勘报告
37		水文条件	文字	△	△	△	
38		地质构造	文字	△	△	△	
39		地震	文字	△	△	△	

续表

序号	信息名称		内容类别	方案设计	初步设计	施工图设计	单位或注释
40	地质情况	地层岩性	文字	△	△	△	也可以链接地勘报告
41		水文地质	文字	△	△	△	
42		不良地质	文字	△	△	△	
43		工程地质评价	文字	△	△	△	
44	路线设计信息	起点桩号	数值	△	△	△	m
45		终点桩号	数值	△	△	△	m
46		桥梁全长	数值	△	△	△	m
47		跨径布置	数值	△	△	△	m
48		最大跨径	数值	△	△	△	m
49		平曲线类型	枚举型	△	△	△	
50		平曲线半径	数值	△	△	△	m
51		竖曲线类型	枚举型	△	△	△	
52		竖曲线半径	数值	△	△	△	m
53		横坡类型	枚举型	△	△	△	
54		横坡坡度	数值	△	△	△	
55	结构设计信息	主梁类型	枚举型	△	△	△	
56		桥梁宽度	数值	△	△	△	m
57		桥梁高度	数值	△	△	△	m
58		桥墩类型	枚举型	△	△	△	
59		桥台类型	枚举型	△	△	△	
60		基础类型	枚举型	△	△	△	

续表

序号	信息名称	内容类别	方案设计	初步设计	施工图设计	单位或注释
61	铺装底层	枚举型	△	△	△	
62	铺装底层厚度	数值	△	△	△	cm
63	铺装面层	枚举型	△	△	△	
64	铺装面层厚度	数值	△	△	△	cm
65	伸缩缝类型	枚举型	△	△	△	
66	伸缩缝型号	枚举型	△	△	△	
67	桥面排水	文字	△	△	△	
68	护栏类型	枚举型	△	△	△	
69	防撞等级	枚举型	△	△	△	
70	搭板长度	数值	△	△	△	m
71	搭板厚度	数值	△	△	△	m
72	支座类型	枚举型	△	△	△	
73	主要材料	文字	△	△	△	
74	施工方法	文字	△	△	△	
75	施工工序	文字		△	△	
76	施工要求	文字		△	△	
77	工程投资	数值	△	△	△	万元
78	估算造价	数值	△			万元
79	概算造价	数值		△		万元
80	预算造价	数值			△	万元

注：表中△代表该阶段需进行的工作内容。

3. 钢箱梁计算深度要求

钢箱梁信息深度方面的要求,设计阶段体现在计算验算的进一步深化上,基于《公路钢结构桥梁设计规范》JTG D64—2015 钢箱梁计算分析包含整体验算和构造验算两部分。钢桥不同阶段计算验算深度要求见表 3-20。

钢桥不同阶段计算验算深度要求　　　　表 3-20

验算项	规范条文	方案设计	初步设计	施工图设计
桥梁承载能力极限状态验算	4.2.1	△	△	△
上部结构抗倾覆验算	4.2.2		△	△
汽车荷载作用下的挠度验算	4.2.3	△	△	△
受压板件加劲肋构造尺寸验算	5.1.5		△	△
受压加劲肋刚度验算	5.1.6			△
翼缘板弯曲正应力验算	5.3.1-1	△	△	△
腹板剪应力验算	5.3.1-2	△	△	△
腹板在正应力和剪应力共同作用下的验算	5.3.1-4	△	△	△
受弯构件的整体稳定验算	5.3.2		△	△
腹板最小厚度验算	5.3.3-1		△	△
腹板横向加劲肋的间距要求	5.3.3-2		△	△
腹板横向加劲肋惯性矩要求	5.3.3-3			△
腹板纵向加劲肋惯性矩要求	5.3.3-4			△
支撑加劲肋验算	5.3.4		△	△
疲劳荷载计算模型Ⅰ验算	5.5.4			△
疲劳荷载计算模型Ⅱ验算	5.5.5			△
疲劳荷载计算模型Ⅲ验算	5.5.6			△
正交异性钢桥面顶板最小厚度要求	8.2.1	△	△	△
闭口加劲肋几何尺寸验算	8.2.3-3		△	△
横向加劲肋或隔板间距要求	8.2.4			△
正交异性桥面顶板的挠跨比验算	8.2.5			△
横隔板间距要求	条文说明 8.5.2(1)		△	△
横隔板刚度验算	条文说明 8.5.2(2)			△
横隔板应力验算	条文说明 8.5.2(3)			△
焊缝强度及疲劳验算	6.2.24-25			△

注:表中△代表该阶段内需要完成或深化的计算项目。

3.4.2 钢箱梁信息模型的类属特征基本概念

1. IFC 标准框架及类属特征概念

IFC 标准对架构各层次实体引用进行了规定,即各层只能对本层及本层以下的实体资源进行引用,最高层领域层能实现对本层及以下三个层的实体对象的引用,共享层能引用核心层和资源层的实体,核心层只能引用资源层的实体。IFC

的划分方法和层次化引用原理,对于建立清晰的框架和信息表达机制具有重要意义,也方便对 IFC 进行实体扩展。按概念不同将 IFC 架构中所有类与对象分为:实体、类型、函数、规则、属性集及量集。

(1) 实体(Entities)

实体是一个信息类,各实体包含属性和约束关系,实体对象是 IFC 模型的基本组成元素。

(2) 类型(Types)

IFC 中根据表现方式的不同将实体分为 3 种类型:枚举类型(EnumerationTypes)、选择类型(SelectTypes)、定义类型(DefinedTypes)。

(3) 函数(Functions)

函数的作用是计算实体的属性。

(4) 规则(Rules)

规则的作用是对模型的正确性进行验证和约束实体属性的范围。

(5) 属性集(PropertySets)

在 IFC 架构中属性是对实体对象的说明信息的阐述,属性集是相同类型的属性的集合。属性集可以被不同的对象引用,关系实体 IfcRelDefinesByProperties 实现属性与具体构件的关联。

(6) 量集(Element Quantity)

量集是定量信息的集合,IfcElementQuantity 是量集的描述实体,是构件的量属性的集合,关系实体 IfcRelDefinesByProperties 实现属性与实体的关联。

2. 钢箱梁类属特征

基于 IFC 标准框架定义模式思考,钢箱梁工程信息框架以钢箱梁实体层结构模型为载体,以资源信息层信息元素为基础,分不同结构层级关联工程信息,实现对结构实体全面、准确地描述以及钢箱梁全生命周期各阶段的功能应用。结构框架可分为三层:

(1) 资源信息层

该层内容均为一般性的低阶观念与信息对象,须依托于关联结构实体层结构或构件,才能实现对具体事物进行表达的功能资源。信息层力求包括描述桥梁实体特征及全生命周期应用所需的所有基础信息,并容许后期进行不断扩展。

(2) 结构实体层

结构实体层采用系统分析方法将桥梁工程实体按照结构组成特点分解成相互独立、相互联系的实体单元,满足模型构造和信息集成的功能。该层内容相当于类属特征中的实体类,实体间有强制、可选、继承、子/父类、选择五种关系。钢箱梁实体结构分解见表 3-21。钢箱梁实体类见图 3-27。

钢箱梁实体结构分解表 表 3-21

钢箱梁	顶板系统		顶板
			顶板加劲肋
	底板系统		底板
			底板加劲肋
	腹板系统	中腹板系统	中腹板
			中腹板加劲肋
		边腹板系统	边腹板
			边腹板加劲肋
	横隔板系统	跨间横隔板系统 实腹式横隔板系统	实腹式横隔板
			实腹式横隔板加劲肋
		框架式横隔板系统	框架式横隔板
			框架式横隔板加劲肋
		单板式横隔板系统	单板式横隔板
			单板式横隔板加劲肋
		加劲式横隔板系统	加劲式横隔板
			加劲式横隔板加劲肋
		支点横隔板系统	支点横隔板
			支点横隔板加劲肋
	梁端封板系统		端封板
			端封板加劲肋
	支点加劲肋系统		加劲板
			支座垫板
	其他板件及构造		侧封板
			装饰板
			检修孔构造
			梁端槽口构造

（3）功能应用层

功能应用层是最高层次，调用整合资源信息层和结构实体层的实体结构及信息，服务于桥梁从规划设计、制造加工、安装架设到管理养护等全生命周期各阶段不同层级的应用功能。

设计阶段应用：钢箱梁桥设计阶段一般分为方案设计、初步设计、施工图设计三个阶段，根据结构实体层模型表达精度和信息深度的不同，可以实现不同阶段的设计要求。主要功能有：构造参数设计、几何建模、结构验算、工程量统计、施工要求等。

施工阶段应用：钢箱梁桥施工阶段分为工厂加工和现场拼装两个阶段，主要功能应用有：工厂钢板加工（工艺要求）、工厂钢板焊接拼接（工艺要求）、钢板焊缝检验（要求）、钢板防腐涂装（工艺要求）、钢构件运输吊装（要求）、工地

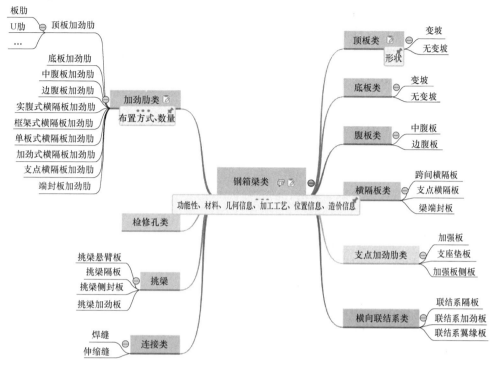

图 3-27 钢箱梁实体类

现场焊接拼接（要求）等。

3.4.3 钢箱梁信息模型的统一特征模式与共性特征

梳理钢箱梁所有构件，识别出各类构件包含的诸多信息，将共性特征作为元模型，父类共性特征传递给子类，子类继承父类并包含新一级的共性特征。

钢箱梁信息按照通用的工程信息学分类主要包含以下共性特征：

（1）功能性层面：目的、作用和存在意义；

（2）技术层面：几何信息、位置信息（定位点、相对坐标轴）、加工工艺、连接方法以及一切与技术相关的内容；

（3）经济层面：造价费用等；

（4）环境层面：对环境的影响、与周边景观协调等；

（5）社会层面：对社会、人文的影响等。

以上共性特征基于钢箱梁分类信息内容，关联在钢箱梁模型中进行展示。

3.4.4 钢箱梁 CAE 系统的特性和互操作性

1. CAE 系统分析步骤

CAE 通常指结构的有限元分析和机构的运动学及动力学分析。有限元分析可完成力学分析（线性、非线性、静态、动态）、场分析（热场、电场、磁场等）、频率响应和结构优化等。机构分析能完成机构内零部件的位移、速度、加速度和力的计算，以及机构的运动模拟和机构参数的优化。应用钢箱梁 CAE 系统对工程或产品进行性能分析和模拟时，要经历以下三个过程：

前处理：实体建模与参数化建模，构件的布尔运算，单元自动剖分，节点自动编号与节点参数自动生成，载荷与材料参数输入采用公式参数化直接导入，节点载荷自动生成，有限元模型信息自动生成等。

有限元分析：有限单元库，材料库及相关算法，约束处理算法，有限元系统组装模块，静力、动力、振动、线性与非线性解法库。大型通用题的物理、力学和数学特征，分解成若干个子问题，由不同的有限元分析子系统完成。一般有如下子系统：线性静力分析子系统、动力分析子系统、振动模态分析子系统、热分析子系统等。

后处理：根据工程或产品模型与设计要求，对有限元分析结果进行用户所要求的加工、检查，并以图形方式提供给用户，辅助用户判定计算结果与设计方案的合理性。

目前桥梁上常用的 CAE 软件有桥梁博士、Midas civil、midas FEA、SAP2000、Ansys、Abaqus 等，模拟各类桥梁的受力、施工工况、动荷载的计算分析及耦合效应分析。

2. CAE 结构与功能特性

常用 CAE 软件的基本结构中包含以下模块：

（1）前处理模块——实体建模与参数化建模，构件的布尔运算，单元自动剖分，节点自动编号与节点参数自动生成，载荷与材料参数输入采用公式参数化直接导入，节点载荷自动生成，有限元模型信息自动生成等。

（2）有限元分析模块——有限单元库，材料库及相关算法，约束处理算法，有限元系统组装模块，静力、动力、振动、线性与非线性解法库。大型通用题的物理、力学和数学特征，分解成若干个子问题，由不同的有限元分析子系统完成。一般有如下子系统：线性静力分析子系统、动力分析子系统、振动模态分析子系统、热分析子系统等。

（3）后处理模块——有限元分析结果的数据平滑，各种物理量的加工与显示，针对工程或产品设计要求的数据检验与工程规范校核，设计优化与模型修改等。

（4）用户界面模块——数据管理系统与数据库、专家系统、知识库。

CAE 软件对工程和产品的分析、模拟能力主要取决于单元库和材料库的丰富和完善程度，单元库所包含的单元类型越多，材料库所包括的材料特性种类越全，则 CAE 软件对工程或产品的分析、仿真能力越强。

一个 CAE 软件的计算效率和计算结果的精度主要取决于解法库。先进高效的求解算法与常规的求解算法，在计算效率上可能有几倍、几十倍，甚至几百倍的差异。

前处理和后处理是近十多年发展最快的 CAE 软件成分，它们是 CAE 软件满足用户需求，使通用软件专业化、属地化，并实现 CAD、CAM、CAPP、PDM 等软件无缝集成的关键性软件成分。它们通过增设 CAD 软件，例如 Pro/Engineer、UG、Solidedge、CATIA、MDT 等软件的接口数据模块，实现了 CAD/CAE 的有效集成。

钢箱梁桥结构构造复杂，钢箱梁的设计一方面要确保结构安全、受力合理，另一方面要尽可能节省钢材、节约成本。钢箱梁有限元计算项目见表 3-22。对钢箱梁从整体到局部构件，从吊装阶段到运营阶段进行较全面的受力分析。表中 A、B、C 分别表示汽车车辆荷载的不同布置方式，分别对应将重轴布置于吊点处横隔板、两道横隔板之间以及横向偏载导致对一侧直腹板剪力最大 3 种工况。另外，在各种工况中，对关键部位的构造布置和钢板尺寸选用进行了多次比选计算，以期得到最优化的结构设计。

钢箱梁有限元计算项目　　　　表 3-22

计算部位	计算项目	计算工况	工况说明
标准梁段	标准梁段吊装验算		4 点起吊
	吊耳锚箱局部验算		最大吊杆力工况
	钢箱梁标准节段验算	A	吊点处横隔板验算
		B	第二体系验算
		C	局部荷载引起的直腹板应力验算
	锚箱局部错位验算		横隔板与锚箱板未对齐的情况验算
	风嘴验算		受检查车局部荷载
	恒载横桥向预拱度计算		
	桥面盖板体系计算	2 种	第三体系验算
中塔梁段	钢箱梁中塔节段验算	A	吊点处横隔板验算
	中塔节段吊耳锚箱局部验算	B	局部荷载引起的直腹板应力验算
抗风支撑	抗风支撑局部结构验算		
弹性索锚箱	弹性索锚箱局部结构验算		
直腹板	局部稳定验算	17 种	按不同板厚、加劲形式、受力形式（压、剪）共取 17 种工况
竖向限位装置	竖向限位装置结构验算	方案一	不同加劲形式比选
		方案二	

采用有限元分析软件进行了仿真计算。建立的模型真实地模拟了结构的设计施工要素，并细致考虑了结构的形状变化（长度、厚度的变化以及非连续性），达到了求解计算精度，同时也避免了求解过程出现病态问题而导致计算中断。

3. 钢箱梁 CAE 系统互操作性

软件的互操作性是指不同平台或编程语言之间交换和共享数据的能力。为了实现"平台或编程语言之间交换和共享数据"，需包括硬件、网络、操作系统、数据库系统、应用软件、数据格式、数据语义等不同层次的互操作，问题涉及运行环境、体系结构、应用流程、安全管理、操作控制、实现技术、数据模型等。

目前，主流的桥梁CAE软件之间不能实现良好的互操作性，一些技术人员开发了一些接口插件，在一定程度上实现了软件之间部分信息的互操作性，而软件开发商在此方面并无意贡献力量，互操作性问题普遍存在。而更亟待解决的是桥梁工程在全生命周期应用相关软件的互操作性问题。一个完整的桥梁项目仅在设计阶段就需要用到多个软件才能满足需求功能，能进行参数化结构设计并基于规范验算的软件常用的是桥梁博士、Midas civil（桥梁博士单向导出midas文件）等；精细有限元分析或车桥耦合计算的软件有Ansys、Abaqus、midas FEA等；BIM三维信息化应用的软件有Revit、CATIA、Bentley等；钢箱梁二维出图软件有bridge3D、box-3D、桥易钢桥等；钢结构深化及加工软件有tekla。这些软件之间多数不能实现互操作性，在桥梁工程实际项目开展中，根据功能需求选择不同软件分别进行建模应用，大量结构参数需重复输入，耗费人力，同时涉及调整时，需分别对模型进行调整，容易遗漏出错。因此，实现多个软件之间良好的互操作性能切实提高桥梁工程设计的质量和效率。钢箱梁软件互操作性软件开发见图3-28。

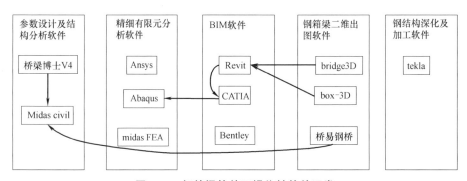

图3-28 钢箱梁软件互操作性软件开发

能有效增强系统互操作性的方式有两种：一种是增强系统软件的集成性，即提高单个软件的应用功能；另一种是建立更为基础和通用的底层数据格式，实现更深层次的知识、信息、数据的共享和交换。

从钢箱梁工程项目开展和成果交付的角度看，生成高质量、高效的桥梁计算书和设计图纸是最重要的目标，当然部分桥梁项目对BIM模型提出了一定要求，而钢箱梁深化设计与加工图纸目前尚需重新建模出图，目前有技术人员基于BIM软件二次开发生成加工图纸，但效果并不理想。

综合分析钢箱梁桥设计特点和行业软件特性，提出一种改善钢箱梁软件互操作性的折中方案，即采用钢箱梁参数化设计理念和模块化开发方法，实现基于钢箱梁设计参数的文件向多个桥梁相关软件的转换，也即通过开发软件源文件转化功能插件的方式实现钢箱梁软件互操作性。如图3-29所示。

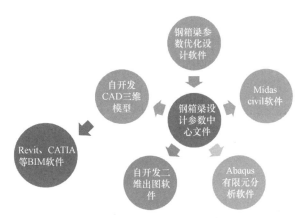

图 3-29 CATIA 焊缝三维模型

3.4.5 基于特征的钢箱梁产品设计

为了提高钢桥设计的质量和效率，实现模型参数化、设计智能化、计算自动化、出图精准化和三维模型可视化，打破软件之间交互的壁垒，将设计者从繁重的简单设计、构造验算、三维建模、计算建模和工程制图工作中解放出来，使设计者更多地关注于复杂、关键的桥梁技术设计本身，提出开发基于特征的钢箱梁产品设计系统。根据钢箱梁特征信息分类以及结构模型几何精度和信息深度要求，便可进行钢箱梁不同设计阶段的结构参数化设计与信息表达。同时，基于钢桥设计知识体系数据库，进行智能化、智慧化的设计，开发相关产品。

（1）钢箱梁参数化设计

根据结构几何参数特征分类，将钢箱梁结构模块化、参数化，无论是通过软件二次开发，还是常用 BIM 建模软件，均可实现钢箱梁结构的参数化设计。钢箱梁参数化设计产品可服务于钢箱梁各阶段的结构设计、二维出图、计算分析建模、三维模型生成等，打破不同软件之间交互壁垒，提高设计效率。

（2）钢箱梁智能优化设计

将规范要求、专家经验、已有桥梁设计资料分类整理并进行数据化，作为系统的核心数据库资源，以此为知识基础，借助大数据分析，实现了基于知识特征的钢箱梁桥智能化设计，进一步提高了钢箱梁设计的效率和质量。

3.4.6 钢箱梁生产工艺的数据表达及建模

钢箱梁工厂生产工艺主要包含板件切割工艺、板件拼接焊接工艺以及防腐涂装工艺三个方面，其中，板件切割前需对钢箱梁各类尺寸的板件进行合理的优化排布，从而减小切割剩余废料，板件拼接焊接后需对焊缝进行外观及无损检测，以满足相应的规范要求。基于钢箱梁三维模型，对生产工艺也进行数据化、信息化表达，同时考虑对钢箱梁焊缝进行结构化建模，并集成焊接工艺信息，提高钢箱梁加工制造的质量和效率。

1. 钢箱梁板件切割工艺信息化

钢箱梁参数化三维建模过程中，改变某些自定义变量的大小，灵活调整模型的几何形状及结构特征，可使得建模过程更加灵活和智能，数据表达更直观。通过对结构几何形状进行展开，提高可靠的板件下料尺寸精度，利用优化排版功能获得最优方案，同时可进行三维虚拟预拼装，避免干涉或间隙。然后利用将排版图中的切割路径参数化，以坐标、矢量等形式表示，将这些信息输入到数控加工机即可指导机床切割，钢箱梁生产加工工艺流程介绍如下：

（1）参数化建模：建立参数与横隔板、顶板、底板等构件之间的对应关系，设定所需尺寸参数，即可得到对应的结构图形。参数化建模的优点在于对初始设计图形的要求较低，只需勾绘出设计草图，然后建立适当的边界限制即可得到精确图形，为后续设计的反复修改提供方便，同时对每个零件以唯一代码标识，便于在BIM模型中进行管理。

（2）板材裁切：初步建立的模型为三维曲面，为符合工程实际情况，需要对其进行裁剪，在CATIA的"线框和曲面设计"模块中，以道路中心线为参考，通过参数控制切割曲线位置，使用"分割"命令便可对曲面板件进行裁切。

（3）板件展平：创成式曲面设计模块中提供的"已展开的外形"工具，能将曲面展开为平面，将实体转换为板，选择需要展开的曲面，设定展开方向、原点、位置等信息，点击展开命令即可完成曲面展开为平面的过程。展开后的平面为大型曲面板件提供了可靠的下料依据，同时曲面展平操作还支持将原曲面上的曲线映射至展平后的曲面，原加劲板三维迹线转换为二维布置线，可指导加劲板的安装。

（4）批量出图：CATIA中的二维工程图非常丰富，通过三维模型得到的任意截面剖视图、断面图、投影图可以根据需求对出图对象进行筛选，同时CATIA中的工程图是与三维模型相互关联的，变更三维模型后可自动改变对应工程图。

（5）提料下料：软件自动优化板件排布，通过脚本批量提取加劲板宽度、长度、面积等参数信息，汇总至Excel表格，配合横隔板加劲板布置图，指导加劲板裁切、安装。

（6）数控加工：得到套料图后可输出NC加工代码指导下料，母材排版图给定之后就有一个切割路径，软件可将切割路径参数化，以坐标、矢量等形式表示，将这些信息输入到数控加工机即可指导机床切割。

为便于钢箱梁下料切割，将钢箱梁切割工艺进行信息化，在钢箱梁板件模型中需集成的数据及信息如表3-23所示，通过提取板件尺寸信息对板件进行优化排布，同时可提取坡口信息进行板件切割。

钢箱梁板件切割工艺信息 表 3-23

信息名称	类别	内容	注释
板件编号	数值		
板件形状类型	枚举型	查询信息分类表	
板件长度	数值		m
板件宽度	数值		m
顶板厚度	数值		m
切割设备	枚举型	查询信息分类表	
坡口形式	枚举型	查询信息分类表	
坡口尺寸	数值		mm
坡口角度	数值		(°)
坡口深度	数值		mm
根部间隙	数值		mm
坡口加工设备	枚举型	查询信息分类表	
切割工艺要求	文字		
矫正和弯曲要求	文字		

2. 钢箱梁板件拼接焊接工艺信息化

焊缝设计是钢桥设计的重要内容，设计中需明确焊缝类型、焊缝尺寸和焊缝检验的要求。对于焊缝的计量按总用钢量的 1.5% 简单估算，而钢桥工厂制造加工和现场架设施工过程中，焊缝的管理是一项重要工作，对项目的成本、进度和质量起着关键作用。传统项目执行过程中，对于焊缝的管理也存在很多问题，具体如下：

（1）焊材采购方面：预估粗略，分批采购，不断修正，对人员要求高，库存积压大。

（2）焊缝追踪方面：手工编制焊缝地图，费时费力、信息传递准确度差、逆向查询性低。

（3）车间生产方面：在实际车间使用时，质检员需要参照图纸、焊缝地图、焊接工艺评定等多份文件，工作量大、效率低、出错率高。

（4）结算方面：根据项目类型和吨位结算，计算方式粗略，对工作量的计算不够精准。

（5）现场焊接方面：现场焊接条件复杂，人工焊接量大，焊接要求和质量不易控制。

为改变以上传统方式，建立焊缝 BIM 模型（见图 3-30），实现焊缝信息的可视化管理，通过对 BIM 软件的二次开发，在模型中实现对焊缝的快速编号和属性定义。从而实现对焊缝信息的统计，精确统计焊材消耗量、焊接工时和探伤检验工时等，实现焊缝精细化管理，提高企业的生产力。焊缝信息可视化管理方式改变了以往粗放型的模式，将精细化管理理念引入到项目的资源管理中，降低资源消耗，提高企业效益。在钢桥制造行业中引入该焊缝管理方法，进一步提高桥梁制造行业的数字化和智能化水平，是BIM技术的可视化应用及精细化管理的体现。未来在BIM平台的基础上，实现三维模型直接通过焊缝信息的方式，驱动焊接机器人进行作业，实现生产的远程控制。

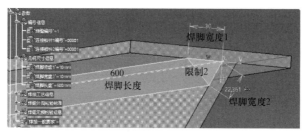

图 3-30 CATIA 焊缝三维模型

焊缝模型集成的信息主要包含编号、焊缝工艺、焊缝外观检验及无损监测等，具体如表 3-24 所示。

钢箱梁焊缝信息　　　　　　　　　　　　表 3-24

信息名称		类别	内容	注释
编号信息	焊缝编号	数值		
	连接板件1编号	数值		
	连接板件2编号	数值		
焊接工艺信息	焊缝类型	枚举型	查询信息分类表	
	接头形式	枚举型	查询信息分类表	
	焊缝长度	数值		m
	焊脚类型	枚举型	查询信息分类表	
	焊脚尺寸	数值		mm
	焊接类型	枚举型	查询信息分类表	
	焊接方法	枚举型	查询信息分类表	
	焊剂型号	枚举型	查询信息分类表	
	焊条型号	枚举型	查询信息分类表	
	衬垫类型	枚举型	查询信息分类表	
	焊接姿态	枚举型	查询信息分类表	
	焊接难度	枚举型	查询信息分类表	
焊缝外观检验标准	气孔	枚举型	查询信息分类表	
	咬边	枚举型	查询信息分类表	
	焊脚尺寸	枚举型	查询信息分类表	
	焊波	枚举型	查询信息分类表	
	余高	枚举型	查询信息分类表	
	余高铲磨后表面	枚举型	查询信息分类表	

续表

信息名称		类别	内容	注释
焊缝无损检验信息	焊缝质量等级	枚举型	查询信息分类表	
	探伤方法	枚举型	查询信息分类表	
	检验等级	枚举型	查询信息分类表	
	评定等级	枚举型	查询信息分类表	
	探伤比例	数值		
	探伤部位	文字		
焊接一般要求		文字		

3. 钢箱梁防腐涂装工艺信息化

钢箱梁防腐涂装涉及结构的安全性、耐久性和美观性，设计和施工的质量非常重要，防腐涂装的工艺流程如下：

（1）表面清理：清除表面焊渣、浮锈及其他污染物，使需防腐涂装的工件表面全部裸露出来。

（2）清洗油污：桥梁钢结构在机加工、焊缝探伤、运输过程中均可能被各类油污污染，需采用有机溶剂或化学清洗剂彻底除去表面的各类油污。

（3）喷砂除锈：采用压力式喷砂除锈，即选用合适粒度、硬度和几何形状的砂子对钢铁表面进行喷砂，保证除锈后表面清洁度和粗糙度符合要求。

（4）油漆涂装：封闭剂、中间漆和面漆的涂装采用高压无气喷涂设备，或用空气喷枪进行涂装，其中中间漆和首道面漆在涂装车间进行，最后一道面漆在桥址现场进行。现场连接需要焊接的部位应将漆膜损毁部位清渣磨平后补涂封闭剂、中间漆和首道面漆，最后一道面漆应待漆膜干透后全桥统一施工。

钢箱梁防腐涂装工艺信息化，集中于钢箱梁板件上集成钢板表面处理要求、涂装体系涂层以及涂料技术要求等信息，具体如表 3-25 所示。

钢板防腐涂装信息　　　　表 3-25

信息名称		类别	内容	注释
板件防腐类型		枚举型	查询信息分类表	
表面处理要求	表面清洁度等级	枚举型	查询信息分类表	
	表面粗糙度	数值		μm
涂装体系涂层	底漆材料	枚举型	查询信息分类表	
	底漆最低干膜厚度	数值		mm
	底漆涂装道数	数值		
	底漆技术要求	文字		
	中间漆材料	枚举型	查询信息分类表	
	中间漆最低干膜厚度	数值		mm
	中间漆涂装道数	数值		
	中间漆技术要求	文字		

续表

信息名称		类别	内容	注释
涂装体系涂层	面漆材料	枚举型	查询信息分类表	
	面漆最低干膜厚度	数值		mm
	面漆涂装道数	数值		
	面漆技术要求	文字		
涂层面积	内防腐面积	数值		m^2
	外防腐面积	数值		m^2
	桥面防腐面积	数值		m^2
涂装一般要求		文字		

3.4.7 钢箱梁设计中智能知识获取方法

1. 知识获取研究内容

知识获取是从特定的知识源获取可能有效的求解办法的知识和经验并转换为程序的过程。在知识获取领域中，主要的研究包括知识抽取、知识建模、知识转换、知识检索以及知识管理。

（1）知识抽取：是为知识建模获得所需数据（此时尚不能称之为知识）的过程，由一组技术和方法组成，通过与专家进行不同形式的交互来抽取该领域的知识。抽取结果通常是一种结构化的数据，如标记、图表、术语表、公式和非正式的规则等。

（2）知识建模：即构建知识模型（knowledge model）的过程，是一个帮助阐明知识—密集型信息—处理任务结构的工具。

（3）知识转换：是指把知识由一种表示形式变换为另一种表示形式。

（4）知识检索：为了保证知识库中知识的一致性、完整性，把知识库中某些不一致、不完整、甚至错误的信息改正、删除。

（5）知识管理：包括知识的维护与知识的组织，以及重组知识库、管理系统运行和知识库的发展、知识库安全保护与保密等。

2. 知识获取过程

知识获取过程是多步骤相互连接、反复进行人机交互的过程，包括：

（1）学习某个应用领域：应用中的预先知识和目标。

（2）建立目标数据集：选择数据集或在多数据集的子集上聚焦。

（3）数据预处理：一般包括推导计算确值数据消除重复记录，去除无关数据，考虑时间顺序和数据变化，完成数据类型转换等。

（4）数据转换：消减数据维数或降维（dimension reduction），从初始特征中找出真正有用的特征以减少数据开采时要考虑的特征或变量个数；用维变换或转换方法减少有效变量的数目或找到数据的不变式。

（5）选定数据挖掘功能：决定数据挖掘目的。

（6）选定数据挖掘算法：用KDD过程中的准则，选择某个特定数据挖掘算法（如汇总、分类、回归、聚类等）用于搜索数据中的模式。

（7）数据挖掘：搜索或产生一个特定的感兴趣的模式或一个特定的数据集。

（8）解释/评价：数据挖掘阶段发现的模式，经用户或机器的评价，可能需要剔除存在冗余或无关的模式；也有可能模式不满足用户的要求，需要退回到整个发现阶段之前，重新进行KDD过程。

（9）发现知识：把这些知识结合到运行系统中，获得这些知识的作用或用预先可信的知识检查和解决这些知识中可能存在的矛盾。

3. 知识获取方式

知识获取分为主动式和被动式两大类：主动式知识获取是知识处理系统根据领域专家给出的数据与资料利用诸如归纳程序之类的软件工具直接自动获取或产生知识，并将其装载入知识库中，也称知识的直接获取；被动式知识获取是间接通过一个中介人并采用知识编辑器之类的工具把知识传授给知识处理系统，所以亦称知识的间接获取。按知识处理系统获取知识的工作方式，可分为交互式和自主式两种。按知识获取的策略或机理，可分为死记硬背式知识获取、条件反射式知识获取、类比学习、教学式（或传授式）知识获取、指点传授学习与演绎式知识获取、归纳式知识获取、解释式知识获取、猜想证实式知识获取、反馈修正式知识获取、类比和联想式知识获取、外延式知识获取等。

4. 知识获取方法

钢箱梁设计领域中有两种知识：一种是明确的规范化知识，一般来自理论、书本或文献，因果关系比较明确；另一种是启发式知识，即专家解决问题的经验，常有某种主观性、随意性和模糊性，因此多作为宽泛的建议指标。如何将钢箱梁的设计知识概念化、形式化并智能提取出来是获取这部分知识的困难之处，无论是哪种知识，以何种形式获取的，当它们被获取后，都应是准确、可靠和完整的。

钢箱梁知识的智能化获取方式的基础是科学合理的结构实体分解以及信息属性定义，将钢箱梁知识作为信息的一部分，包含了钢箱梁相关规范条文、专家经验和理论公式等，应用于钢箱梁设计、施工、管养全生命周期内的多专业学科知识。钢箱梁知识内容见表3-26。

钢箱梁知识内容	表3-26
设计规范及条文	《桥梁用结构钢》GB/T 714—2015
	《钢结构焊接规范》GB 50661—2011
	《钢结构工程施工质量验收标准》GB 50205—2020
	《公路桥涵设计通用规范》JTG D60—2015
	《公路钢结构桥梁设计规范》JTG D64—2015

续表

设计规范及条文	《公路桥梁抗震设计规范》JTG/T 2231-01—2020	
	《公路桥梁钢结构防腐涂装技术条件》JT/T 722—2008	
	《公路钢筋混凝土及预应力混凝土桥涵设计规范》JTG 3362—2018	
	《公路桥涵地基与基础设计规范》JTG 3363—2019	
	《公路桥梁抗风设计规范》JTG/T 3360-01—2018	
	《公路桥涵施工技术规范》JTG/T 3650—2020	
	《公路钢桥面铺装设计与施工技术规范》JTG/T 3364-02—2019	
	《公路工程技术标准》JTG B01—2014	
	《城镇桥梁钢结构防腐蚀涂装工程技术规程》CJJ/T 235—2015	
	《城市桥梁设计规范》CJJ 11—2011(2019年版)	
	《城市桥梁抗震设计规范》CJJ 166—2011	
	《城市桥梁工程施工与质量验收规范》CJJ 2—2008	
	《城市桥梁检测与评定技术规范》CJJ/T 233—2015	
	《公路钢桥正交异性钢桥设计施工技术规范》DB61/T 937—2014	
	美国规范:美国国家高速公路和交通运输协会《荷载抗力分项系数法桥梁设计规范—2017》第六章钢桥	
	日本规范:《道路桥示方书》2012 Ⅱ钢桥篇	
	欧洲规范:《钢桥设计》BS EN1993-2：2005	
	欧洲规范:《钢和混凝土组合桥梁设计规范》BS EN1994-2:2005	
	欧洲规范:《钢结构设计规范:疲劳》BS EN1993-1-9:2005	
	欧洲规范:《桥梁设计荷载》BS EN1991-2:2005	
	英国国家标准:《钢桥、混凝土桥及结合桥》BS5400	
专家经验知识	整体钢箱梁经验知识	
	顶板经验知识	
	翼缘板经验知识	
	底板经验知识	
	腹板经验知识	
	横隔板经验知识	
桥梁公式	面积公式	矩形计算公式
		梯形计算公式
		圆形计算公式
		扇形计算公式
		其他计算公式
	体积公式	长方体计算公式
		其他计算公式
	质量公式	
	重量公式	
	截面特征计算公式	截面形心计算公式

续表

桥梁公式	截面特征计算公式	抗弯惯性矩计算公式
		抗扭惯性矩计算公式
		其他计算公式
	内力计算公式	弯矩计算公式
		剪力计算公式
		扭矩计算公式
	应力计算公式	正应力计算公式
		剪应力计算公式
		mises应力计算公式
	挠度计算公式	
	稳定计算公式	
	构造计算公式	

钢箱梁知识是为钢箱梁结构设计、施工等服务的，信息依附于结构 BIM 模型流转产生而具有价值，因此钢箱梁知识的智能获取方式需通过将钢箱梁设计知识首先按照钢箱梁实体结构分类及相关参数信息进行划分，然后再根据知识类别进一步细化，赋予唯一编码并进行程序化，从而利用计算机技术实现智能精准的获取。

3.5 小结

本章基于工程信息学理论，系统梳理了桥梁的工程信息，重点针对钢箱梁桥，建立桥梁技术标准、桥梁设计荷载、桥梁工程特性、钢箱梁构造组成、桥梁工程材料、桥梁设计规范条文等 10 大类工程信息分类及编码表，实现对钢箱梁桥全生命周期信息的全面描述。建立钢箱梁桥全生命周期工程信息化技术流程，重点对钢箱梁桥方案设计阶段、初步设计阶段、施工图设计阶段的信息化模型几何精度、信息深度以及计算验算要求进行明确，运用 BIM 软件对信息化建模过程进行实例化验证。

第 4 章 钢桥设计信息化系统及参数化

4.1 钢桥设计知识体系概述

为了提高钢桥设计的质量和效率，实现设计智能化、出图自动化、三维可视化和模型信息化，将桥梁设计师从繁重、重复的简单性设计、构造验算、三维建模和工程制图工作中解放出来，使其更多地关注于复杂、关键的桥梁设计技术和创新，提出开发基于知识体系的智能 BIM 桥梁设计系统和智慧桥梁设计出图系统。

通过人机交互界面输入桥梁基本设计参数（路线、桥跨布置、桥面荷载布置），基于知识数据库实现自动评判及智能设计，完成桥梁相关参数的优化取值，允许人工调整和修改参数，自动进行研判，系统不但可快速创建三维 BIM 模型，进一步实现模型信息化，也可进行快速自动化二维出图。系统基本架构如图 4-1 所示。

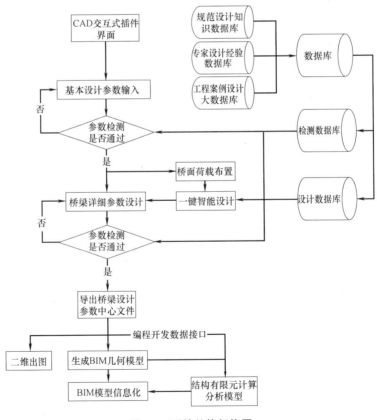

图 4-1 系统总体架构图

4.2 钢桥信息化系统数据库

钢桥设计知识体系是桥梁智能设计的基础，分为三部分：

（1）规范设计知识数据库：对国内及国外（日本、美国、欧洲）钢桥设计规范和标准中的条文进行分类梳理，形成钢桥构件设计参数检测及优化的判断依据。

（2）专家设计经验数据库：收集国内外钢桥设计、制造、施工、管养领域案例以及专家经验和实践成果，收录了论文、学术报告、重大项目经验交流会资料等，将此部分知识通过自然语义识别系统尽可能将隐式知识转化为供计算机可读的数据语言和显式知识，建立专家推断系统。

（3）工程案例设计大数据库（见图 4-2）：收集大量钢桥设计图纸，将设计图纸进行参数提炼，根据基本参数（路线、桥跨布置、桥面荷载布置）分类整理及提炼出桥梁构件具体设计参数，形成桥梁设计参数的数据库。

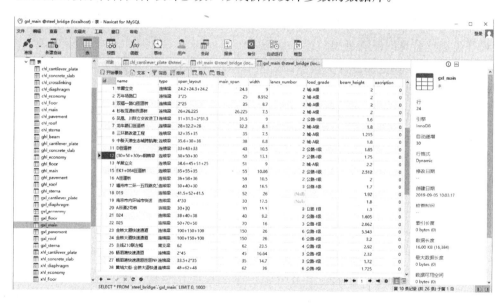

图 4-2 工程案例设计大数据库

钢桥设计知识体系数据库按照用途可以分为两类：

（1）检测数据库

检测数据库用于判断交互式界面参数取值的合理性，判断是否满足规范设计规定、是否符合专家系统的经验和是否偏离实际工程大数据统计范围取值，提供验算的上下限值范围，超出限值时进行提示，提供详细的检测依据、检测分析过程及优化建议。依据系统进行检测的提示情况如表 4-1 所示。

（2）设计数据库

设计数据库侧重于桥梁基本参数分析和研判，为智能设计提供最优参数设计值。系统为用户提供优化设计的参数范围值，供设计者选择，系统最优值的获得可采用以下三种方式：

数据库不同部分检测提示情况　　　　表 4-1

参数检测依据数据库	超限提示内容	详细检测内容
规范设计知识数据库	依据×××规范验算，×××值偏大或偏小或不符合规定	1. 规范条文； 2. 分析过程； 3. 优化建议
专家设计经验数据库	依据专家系统判断，×××值偏大或偏小	1. 专家经验，系统判断； 2. 分析过程； 3. 优化建议
工程案例设计大数据库	依据钢桥大数据，×××值高于或低于数据库同类桥梁设计值	1. 同类桥梁该参数大数据值列表； 2. 分析过程； 3. 优化建议

注：如果检测通过，则无提示内容，查看详细检测内容，无"3. 优化建议"内容。

1）基于规范设计知识数据库获得参数最优解。

2）基于专家设计经验数据库获得参数最优值，基于规范设计知识数据库对最优值进行验算以证满足规范设计要求。

3）基于工程案例设计大数据库对符合桥梁基本设计参数的工程案例设计数据进行汇总分析，根据优化算法（概率分布和综合指标排序最优）获得参数最优值，基于规范设计知识数据库对最优值进行验证计算以满足规范设计要求。

工程案例设计大数据库能提供精确的参考取值范围，由于工程案例设计数据往往是多方收集的，因此存在参考规范不一致、构造参数不统一、质量参差不齐等数据问题，参数较多容易引起优化算法取值困难和降低可靠度等数据问题。规范设计知识数据库和专家设计经验数据库中只确定参数的范围值，不精确到具体某值，需定义一系列优化目标来实施，如最小值最优，而很多参数的取值关联性往往较高，并不能简单按照单一最优原则确定，需要考虑综合选取最优的方法。鉴于以上三种方法各有利弊，系统根据不同参数的特性综合确定最优值。

4.3 钢桥全生命周期信息化理论及系统

4.3.1 钢桥设计阶段信息

设计阶段作为钢桥全生命周期阶段的起点，也是决定钢桥安全耐久、适用环保、经济美观的关键要素，基于参数化、模块化思想，融合 BIM 技术和数据库技术，可以实现智能化的钢桥设计，打破结构设计和有限元分析的壁垒，打通各阶段信息应用和流转的障碍。智能 BIM 桥梁设计系统框架如图 4-3 所示。

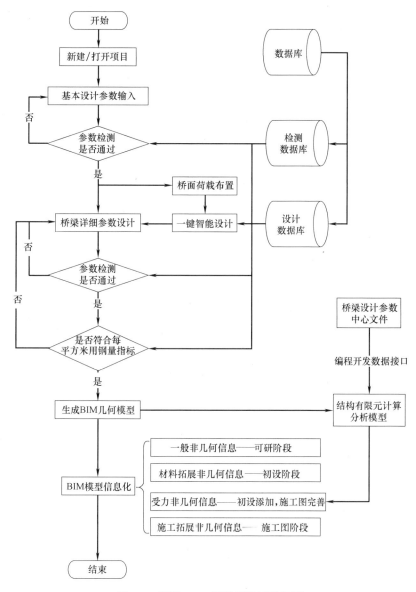

图 4-3 智能 BIM 桥梁设计系统框架

基于 BIM 软件的二次开发，导入桥梁设计参数文件，快速实现 BIM 三维几何模型的创建，也可通过逐步输入桥梁设计参数进行建模，并根据桥梁不同设计阶段进行不同深度的模型创建，如表 4-2 所示。

钢箱梁构件划分及不同阶段建模深度　　　　表 4-2

项目要素		可研阶段	初设阶段	施工图阶段
顶板系统	顶板	▲	▲	▲
	顶板加劲肋	—	△	▲
底板系统	底板	▲	▲	▲
	底板加劲肋	—	△	▲

续表

项目要素			可研阶段	初设阶段	施工图阶段
腹板系统	中腹板系统	中腹板	▲	▲	▲
		中腹板加劲肋	—	△	▲
	边腹板系统	边腹板	▲	▲	▲
		边腹板加劲肋	—	△	▲
横隔板系统	跨间横隔板系统	实腹式横隔板系统			
		实腹式横隔板	△	▲	▲
		实腹式横隔板加劲肋	—	△	▲
		框架式横隔板	△	▲	▲
		框架式横隔板加劲肋	—	△	▲
		单板式横隔板	△	▲	▲
		单板式横隔板加劲肋	—	△	▲
		加劲式横隔板	△	▲	▲
		加劲式横隔板加劲肋	—	△	▲
	支点横隔板系统	支点横隔板	△	▲	▲
		支点横隔板加劲肋	—	△	▲
	梁端封板系统	端封板	▲	▲	▲
		端封板加劲肋	—	△	▲
支点加劲肋系统		加劲板	—	△	▲
		支座垫板	—	△	▲
其他板件及构造		侧封板	▲	▲	▲
		装饰板	▲	▲	▲
		检修孔构造	—	△	▲
		梁端槽口构造	△	△	▲

注：表中"▲"表示应具备的信息，"△"表示宜具备的信息，"—"表示可不具备的信息。

桥梁计算模型的生成可以采用以下两种方式：

（1）通过BIM几何模型导出到部分有限元软件中进行计算分析。如Revit导出的IFC文件可以导入到Midas civil中建模；CATIA模型文件可以导入到Abaqus中创建实体模型。

（2）基于桥梁设计参数文件，开发有限元分析软件的数据接口，如Midas civil、Abaqus等，实现自动化快速建模。

根据桥梁计算模型，对桥梁进行分析评价，通过将计算结果信息集成到BIM模型中可以进一步丰富BIM模型数据的价值。桥梁计算分析作为桥梁设计安全的重要保障，包含桥梁总体计算和构造计（验）算。

（1）总体计算内容参见表2-2。

（2）在完成桥梁总体计算的基础上，进行更为详细的构造计（验）算，内容参见表2-6。

BIM模型最大的价值是实现桥梁结构及其构件信息的集成、可视化表达及应用。项目实施过程中，高效地在 BIM 几何模型中添加桥梁全寿命周期（设计、制造、施工、运维）各阶段要求的物理、功能和性能等非几何信息，使得不同参与方可基于同一 BIM 模型利用和维护这些信息进行协同工作，对项目进行各种类型和专业的设计、计算、分析和模拟。在设计—制造—施工—运维的全生命周期实现信息的共享和传递，提高工程建设的质量和效率，大幅度节约项目成本，提升项目科学决策和管理水平。

桥梁总体信息主要集成桥梁设计的主要技术标准、结构设计特点、项目特点情况，如表 4-3 所示，是实现桥梁整体认识和管理的必要信息。

钢桥不同阶段总体信息 表 4-3

项目要素		可研阶段	初设阶段	施工图阶段
主要技术标准	1. 道路等级	▲	▲	▲
	2. 设计时速	▲	▲	▲
	3. 道路宽度	▲	▲	▲
	4. 地震基本烈度	▲	▲	▲
	5. 地震动峰值加速度	▲	▲	▲
	6. 抗震设防类别	▲	▲	▲
	7. 设计基本风速	▲	▲	▲
	8. 驰振稳定性风速	△	▲	▲
	9. 颤振稳定性风速	△	▲	▲
	10. 设计洪水频率	▲	▲	▲
	11. 设计通航水位	▲	▲	▲
	12. 航道等级及净空尺度	▲	▲	▲
	13. 设计基准期	▲	▲	▲
	14. 设计安全等级	▲	▲	▲
	15. 环境类别	▲	▲	▲
	16. 船舶撞击力标准	△	▲	▲
	17. 钢结构防腐设计年限	△	▲	▲
	18. 混凝土防腐设计作用等级	△	▲	▲
	19. 平面坐标系	▲	▲	▲
	20. 高程系统	▲	▲	▲
结构设计特点	1. 桥梁类型	▲	▲	▲
	2. 桥梁布跨	▲	▲	▲
	3. 桥梁宽度	▲	▲	▲
	4. 车道布置	▲	▲	▲
	5. 施工方案	▲	▲	▲
	6. 桥梁造型	▲	▲	▲
项目特点	1. 桥梁总投资	△	▲	▲
	2. 投资单位	▲	▲	▲

续表

项目要素		可研阶段	初设阶段	施工图阶段
项目特点	3. 勘察单位	▲	▲	▲
	4. 设计单位	▲	▲	▲
	5. 施工单位	—	△	▲
	6. 管养单位	—	△	▲

注：表中"▲"表示应具备的信息，"△"表示宜具备的信息，"—"表示下阶段补充的信息。

桥址区域地质条件信息作为桥梁设计的重要信息，应包含在BIM整体模型信息中，较好的方式是通过建立三维分层地质模型，在整体地质模型中输入地理位置、地形地貌、气象、区域地质概况、水文地质条件、不良地质等总体信息，在分层地质模型中输入土层名称及编号、天然重度、地基承载力特征值、压缩模量、抗剪强度指标标准值（黏聚力和内摩擦角）、岩土与挡墙底面摩擦系数、与锚固体极限粘结强度标准值、单轴抗压强度标准值等信息，如表4-4所示。

三维分层地质模型信息　　　　表4-4

项目要素			可研阶段	初设阶段	施工图阶段
整体地质模型信息	地理位置		▲	▲	▲
	地形地貌		▲	▲	▲
	气象		▲	▲	▲
	区域地质概况		—	▲	▲
	水文地质条件		—	▲	▲
	不良地质		—	▲	▲
分层地质模型信息	土层名称及编号		—	△	▲
	天然重度		—	△	▲
	地基承载力特征值		—	△	▲
	压缩模量		—	△	▲
	抗剪强度指标标准值	黏聚力	—	△	▲
		内摩擦角	—	△	▲
	岩土与挡墙底面摩擦系数		—	△	▲
	与锚固体极限粘结强度标准值		—	△	▲
	单轴抗压强度标准值	天然	—	△	▲
		饱和	—	△	▲

注：表中"▲"表示应具备的信息，"△"表示宜具备的信息，"—"表示下阶段补充的信息。

以上总体信息可以作为桥梁项目的总体信息，添加在整体模型项目文件属性中，而对于钢桥主梁，应在一定程度上集成主梁总体信息特征，具体如表4-5所示。

钢桥主梁不同阶段总体信息 表 4-5

项目要素			信息内容	可研阶段	初设阶段	施工图阶段
几何信息	路线信息		1. 平曲线要素; 2. 竖曲线要素	△	▲	▲
	断面信息		1. 桥宽; 2. 梁高; 3. 设计中心线位置; 4. 顶板横坡类型及坡度			
	跨径信息		1. 跨径布置; 2. 跨数; 3. 联长; 4. 梁端预留缝宽度			
	支座信息		1. 类型; 2. 个数; 3. 位置尺寸			
非几何信息	一般非几何信息		1. 材料类型; 2. 材料型号	▲	▲	▲
	材料拓展非几何信息	物理性能指标	1. 弹性模量; 2. 剪切模量; 3. 线膨胀系数; 4. 泊松比; 5. 密度	—	△	▲
		设计强度指标	1. 抗拉、抗压和抗弯强度设计值; 2. 抗剪强度设计值; 3. 端面承压(刨平顶紧)强度设计值	—	△	▲
		疲劳强度指标	1. 正应力疲劳类型; 2. 正应力疲劳细节类别 $\Delta\sigma_C$; 3. 正应力常幅疲劳极限 $\Delta\sigma_D$; 4. 剪应力疲劳类型; 5. 剪应力疲劳细节类别 $\Delta\tau_C$; 6. 剪应力幅疲劳截止限 $\Delta\tau_L$	—	—	△
	受力非几何信息	承载能力极限状态受力	1. 最大弯曲正应力; 2. 最小弯曲正应力; 3. 最大剪应力; 4. 最小剪应力; 5. mises 应力	—	△	▲
		疲劳受力	1. 最大正应力; 2. 最小正应力; 3. 正应力幅; 4. 最大剪应力; 5. 最小剪应力; 6. 剪应力幅	—	—	△
		刚度分析	1. 规范挠跨比限值; 2. 最大挠跨比; 3. 最大竖向挠度; 4. 最小竖向挠度	—	△	▲
		计算验算结果	1. 强度验算:满足规范或不满足规范; 2. 疲劳验算:满足规范或不满足规范; 3. 刚度验算:满足规范或不满足规范; 4. 稳定验算:满足规范或不满足规范	—	▲	▲
	计量非几何信息		1. 钢梁总重量; 2. 每平方米用钢指标; 3. 总防腐面积(内防腐、外防腐、桥面防腐)	—	△	▲

注:表中"▲"表示应具备的信息,"△"表示宜具备的信息,"—"表示下阶段补充的信息。

关于受力非几何信息中计算验算结果的相关信息说明，主要是从强度、疲劳、刚度、稳定四个方面判断钢主梁构件是否满足规范要求。

（1）强度验算：顶板正应力验算、底板正应力验算、腹板剪应力验算。

（2）疲劳验算：顶底板的正应力疲劳验算、腹板的剪应力疲劳验算。

（3）刚度验算：汽车荷载作用下的挠跨比验算、正交异性钢桥面板挠跨比验算。

（4）稳定验算：主梁受弯构件的整体稳定验算。

构件作为桥梁结构最基础的单元，涉及设计、制造加工、架设施工、养护管理等多阶段相关数据和信息，复杂繁多。如都集中至一个BIM模型中，信息量会随着项目的开展变得越来越多，由于很多情况下上一阶段的信息在下一阶段不被应用，成为无用信息，如仍存储在模型中，会对下一阶段的信息利用造成干扰，降低信息检索和利用的效率，采用分阶段BIM模型及信息存储的方式，能较好地解决该问题。不同阶段的模型信息应由该阶段实施单位安排专业技术人员添加，确保信息的准确性及可靠性，模型中的信息也可作为运营阶段病害分析、事故分析和追责的重要依据。

在桥梁（可研、初步、施工图）设计阶段，由设计工程师建立BIM模型并不断深化构件信息，最终形成设计阶段的BIM桥梁信息模型。当进入钢桥的制造加工阶段后，对设计阶段的部分无效信息进行清除，并输入制造加工阶段的构件相关信息，在桥梁现场架设施工前形成最终的制造加工BIM桥梁信息模型。以此类推，后续阶段在前面阶段的基础上，进行相关的BIM桥梁信息模型修改和补充。

构件的信息大致分为几何信息、非几何信息和拓展信息三大类，几何信息主要指结构构造建模的数据参数信息，其他的为非几何信息。对于信息中的数据信息，可进一步分为三类，第一类为直接的数据信息（如板厚），第二类为筛选后的数据信息（如板件上的最大应力值），第三类为拓展信息，根据数据分析所得的信息（如设计强度富余度）具有更大的信息承载量，更有决策参考价值。

BIM模型构件集成的信息划分及各设计阶段输入情况如表4-6所示。

桥梁BIM信息分类表及各设计阶段输入情况 表4-6

项目要素		信息内容	可研阶段	初设阶段	施工图阶段
几何信息	一般几何信息	确定构件形状的尺寸参数： 1. 长度； 2. 宽度； 3. 厚度； 4. 半径； ……	△	▲	▲
	定位几何信息	确定构件位置的定位参数： 1. 距离某基准线的水平距离； 2. 距离某基准线的竖直距离； 3. 距离某基准线的垂直距离； ……	—	△	▲

续表

项目要素			信息内容	可研阶段	初设阶段	施工图阶段
非几何信息	一般非几何信息		1. 材料类型； 2. 材料型号	▲	▲	▲
	材料拓展非几何信息	物理性能指标	1. 弹性模量； 2. 剪切模量； 3. 线膨胀系数； 4. 泊松比； 5. 密度	—	△	▲
		设计强度指标	1. 抗拉、抗压和抗弯强度设计值； 2. 抗剪强度设计值； 3. 端面承压(刨平顶紧)强度设计值	—	△	▲
		疲劳强度指标	1. 疲劳类型； 2. 疲劳细节类别 $\Delta\sigma_C$； 3. 常幅疲劳极限 $\Delta\sigma_D$； 4. 疲劳细节类别 $\Delta\tau_C$	—	—	△
	受力非几何信息	承载能力极限状态受力	1. 最大弯曲正应力； 2. 最小弯曲正应力； 3. 最大剪应力； 4. 最小剪应力； 5. mises 应力	—	△	▲
		疲劳受力	1. 最大正应力； 2. 最小正应力； 3. 正应力幅； 4. 最大剪应力； 5. 最小剪应力； 6. 剪应力幅	—	—	△
	计量非几何信息		1. 板件重量； 2. 防腐类型； 3. 防腐面积	—	△	▲
	制造施工拓展非几何信息		主要为钢结构制造和现场拼接的焊接相关信息： 1. 焊缝名称； 2. 焊缝质量等级； 3. 探伤方法； 4. 检验等级； 5. 探伤比例； 6. 探伤部位	—	—	△

注：表中"▲"表示应具备的信息，"△"表示宜具备的信息，"—"表示下阶段补充的信息。

关于部分信息内容的详细说明：

(1) 非几何信息——材料类型

钢桥材料主要有钢材、铸钢、锻钢、普通螺栓、高强度螺栓以及索结构用到的高强度钢丝、钢绞线和钢丝绳等，对于钢箱梁桥一般材料类型填写"钢材"。

（2）非几何信息——材料型号

钢箱梁桥"钢材"材料型号按照设计要求，根据《公路钢结构桥梁设计规范》JTG D64—2015 第 3.1 节表 3.1.3 填写，一般桥梁用钢需要在质量等级前加"q"，如"Q345qC"。

（3）材料拓展非几何信息——疲劳强度指标——疲劳类型

疲劳类型信息根据《公路钢结构桥梁设计规范》JTG D64—2015 附录 C 填写，由疲劳所属大类和构造细节编号两部分组成，钢桥疲劳所属大类包括以下九种：基材构件和机械紧固接头、焊接截面、横向对接焊缝、焊接附连件与加劲肋、承载焊接接头、空心焊接接头、格构梁节点接头、正交异性桥面板闭口加劲肋、正交异性桥面板开口加劲肋。

构造细节编号根据疲劳所属大类和构件疲劳情况查询《公路钢结构桥梁设计规范》JTG D64—2015 附录 C 中条目选取。

（4）受力非几何信息

根据有限元分析计算结果填写，由于钢箱梁桥实际节段划分较长，而计算分析模型节段划分较细，关于输入 BIM 模型中的截面应力值的选取只能以点带面，采用选取该 BIM 模型节段的最值应力值为输入值，如最大正拉应力填写"150MPa"。对于疲劳数据，仅输入受拉或受剪梁段数据，大部分钢桥设计均由疲劳荷载计算模型Ⅰ验算控制，而不进行疲劳荷载计算模型Ⅱ和Ⅲ的验算，疲劳信息目前暂仅输入疲劳荷载Ⅰ的验算数值信息。

（5）计量非几何信息——防腐类型

钢箱梁防腐类型可以分为四类，其具体的应用部位如表 4-7 所示。

钢箱梁防腐类型及应用部位 表 4-7

防腐类型	应用部位
桥面防腐+内防腐	钢桥面钢板
内外防腐	底板、边腹板、悬臂板闭口加劲肋、端封横隔板
内防腐	中腹板、跨间横隔板、支点横隔板、箱室内部各类板件加劲肋
外防腐	悬臂板开口加劲肋、翼缘横隔板、侧封板

（6）计量非几何信息——防腐面积

钢箱梁防腐类型对应防腐面积的规定如表 4-8 所示。

钢箱梁防腐类型对应防腐面积规定 表 4-8

防腐类型	防腐面积规定
桥面防腐+内防腐	板件单侧面积
内外防腐	板件单侧面积
内防腐	板件双侧合计面积
外防腐	板件双侧合计面积

（7）制造施工拓展非几何信息

焊接方法和焊条型号内容填写如表 4-9 所示，其余信息依据表 1-11 填写。

焊接方法和焊条型号内容填写示例　　　　表 4-9

焊接方法	焊条型号
1. 焊条电弧焊； 2. 气体保护焊； 3. 药芯焊丝自保护焊； 4. 埋弧焊； 5. 电渣焊	1. E43 型焊条； 2. E50 型焊条； 3. E55 型焊条

制造施工阶段信息较多，需进一步拓展焊缝强度设计值及实际设计焊缝强度。

（1）顶板系统 BIM 构件模型信息，见表 4-10。

顶板系统 BIM 构件模型信息　　　　表 4-10

项目要素			顶板信息内容	顶板加劲肋信息内容
几何信息	一般几何信息		1. 长度； 2. 宽度； 3. 厚度； 4. 人孔	确定加劲肋及过焊孔形状的所有参数（根据软件界面填写）
	定位几何信息		1. 顶板横坡类型（平坡、单向坡、双向坡）； 2. 顶板横坡值； 3. 桥梁左边线至设计线距离	1. 加劲肋类型公式； 2. 加劲肋间距公式
非几何信息	一般非几何信息		1. 材料类型（钢材）； 2. 材料型号（如"Q345qC"）	1. 材料类型（钢材）； 2. 材料型号（如"Q346qC"）
	材料拓展非几何信息	物理性能指标	1. 弹性模量（2.06×10^5MPa）； 2. 剪切模量（0.79×10^5MPa）； 3. 线膨胀系数（12×10^{-6}/℃）； 4. 泊松比（0.31）； 5. 密度（7850kg/m³）	1. 弹性模量（2.06×10^5MPa）； 2. 剪切模量（0.79×10^5MPa）； 3. 线膨胀系数（12×10^{-6}/℃）； 4. 泊松比（0.31）； 5. 密度（7850kg/m³）
		设计强度指标	根据材料型号查《公路钢结构桥梁设计规范》JTG D64—2015 表 3.2.1 取值：抗拉、抗压和抗弯强度设计值	根据材料型号查《公路钢结构桥梁设计规范》JTG D64—2015 表 3.2.1 取值： 1. 抗拉、抗压和抗弯强度设计值； 2. 抗剪强度设计值
		疲劳强度指标	1. 正应力疲劳类型：基材构件和机械紧固接头⑤或横向对接焊缝⑪； 2. 正应力疲劳细节类别 $\Delta\sigma_C$：125MPa 或 80MPa； 3. 正应力常幅疲劳极限 $\Delta\sigma_D$：92.1MPa 或 58.9MPa	1. 正应力疲劳类型：横向对接焊缝⑪或正交异性桥面板闭口加劲肋⑤； 2. 正应力疲劳细节类别 $\Delta\sigma_C$：110MPa； 3. 正应力常幅疲劳极限 $\Delta\sigma_D$：81MPa； 4. 剪应力疲劳类型：承载焊接接头⑧（无更准确类型）； 5. 剪应力疲劳细节类别 $\Delta\tau_C$：80MPa； 6. 剪应力幅疲劳截止限 $\Delta\tau_L$：36.6MPa

续表

项目要素			顶板信息内容	顶板加劲肋信息内容
几何信息	受力非几何信息	承载能力极限状态受力	根据第一体系计算（或与第二体系计算叠加）取节段最值： 1. 最大弯曲正应力； 2. 最小弯曲正应力； 3. mises 应力	根据第一体系计算（或与第二体系计算叠加）取节段最值： 1. 最大弯曲正应力； 2. 最小弯曲正应力； 3. 最大剪应力； 4. 最小剪应力； 5. mises 应力
		疲劳受力	根据疲劳荷载Ⅰ计算取节段最值： 1. 最大正应力； 2. 最小正应力； 3. 正应力幅	疲劳荷载Ⅰ验算不通过的情况下，根据疲劳荷载Ⅱ计算取节段最值： 1. 最大正应力； 2. 最小正应力； 3. 正应力幅； 4. 最大剪应力； 5. 最小剪应力； 6. 剪应力幅
	计量非几何信息		1. 板件尺寸：长×宽×厚； 2. 板件重量：通过长×宽×厚×密度计算得到； 3. 防腐类型：桥面防腐＋内防腐； 4. 防腐面积：通过长度×宽度计算得到	1. 板件尺寸：长度×(摊平)宽度×厚度； 2. 板件重量：通过长度×(摊平)宽度×厚度×密度计算得到； 3. 防腐类型：内防腐； 4. 防腐面积：通过长度×(摊平)宽度×2计算得到
	制造施工拓展非几何信息		主要为钢结构制造和现场拼接焊接的相关信息： 1. 焊缝名称：顶板横向对接焊缝； 2. 焊缝质量等级：Ⅰ级； 3. 探伤方法：超声波探伤(UT)； 4. 检验等级：B(单翼，双侧)； 5. 探伤比例：100%； 6. 探伤部位：焊缝全长	主要为钢结构制造和现场拼接焊接的相关信息： 1. 焊缝名称：顶板加劲肋横向对接焊缝； 2. 焊缝质量等级：Ⅰ级； 3. 探伤方法：超声波探伤(UT)； 4. 检验等级：B(单翼，双侧)； 5. 探伤比例：100%； 6. 探伤部位：焊缝全长

注：顶板正应力疲劳类型，在受力最不利的支点位置处，设计时一般不把节段划分放在此处，所以此阶段疲劳类型按照横向对接焊缝⑪取，在其他地方偏不利考虑疲劳类型按照正交异性桥面板闭口加劲肋⑤取。

（2）底板系统 BIM 构件模型信息，见表 4-11。

底板系统 BIM 构件模型信息　　　　　　表 4-11

项目要素		底板信息内容	底板加劲肋信息内容
几何信息	一般几何信息	1. 长度； 2. 宽度； 3. 厚度	确定加劲肋及过焊孔形状的所有参数（根据软件界面填写）
	定位几何信息	1. 箱梁高度； 2. 底板横坡类型（平坡、与顶板平坡）； 3. 桥梁左边线至设计线距离	1. 加劲肋类型公式； 2. 加劲肋间距公式

续表

项目要素			底板信息内容	底板加劲肋信息内容
非几何信息		一般非几何信息	1. 材料类型(钢材); 2. 材料型号(如"Q345qC")	1. 材料类型(钢材); 2. 材料型号(如"Q346qC")
	材料拓展非几何信息	物理性能指标	1. 弹性模量($2.06×10^5$MPa); 2. 剪切模量($0.79×10^5$MPa); 3. 线膨胀系数($12×10^{-6}$/℃); 4. 泊松比(0.31); 5. 密度(7850kg/m³)	1. 弹性模量($2.06×10^5$MPa); 2. 剪切模量($0.79×10^5$MPa); 3. 线膨胀系数($12×10^{-6}$/℃); 4. 泊松比(0.31); 5. 密度(7850kg/m³)
		设计强度指标	根据材料型号查《公路钢结构桥梁设计规范》JTG D64—2015 表3.2.1取值: 抗拉、抗压和抗弯强度设计值	根据材料型号查《公路钢结构桥梁设计规范》JTG D64—2015 表3.2.1取值: 1. 抗拉、抗压和抗弯强度设计值; 2. 抗剪强度设计值
		疲劳强度指标	1. 正应力疲劳类型:基材构件和机械紧固接头⑤或横向对接焊缝⑪; 2. 正应力疲劳细节类别 $\Delta\sigma_C$:125MPa 或 80MPa; 3. 正应力常幅疲劳极限 $\Delta\sigma_D$:92.1MPa 或 58.9MPa	1. 正应力疲劳类型:横向对接焊缝⑪; 2. 正应力疲劳细节类别 $\Delta\sigma_C$:110MPa; 3. 正应力常幅疲劳极限 $\Delta\sigma_D$:81MPa; 4. 剪应力疲劳类型:承载焊接接头⑧(无更准确类型); 5. 剪应力疲劳细节类别 $\Delta\tau_C$:80MPa; 6. 剪应力幅疲劳截止限 $\Delta\tau_L$:36.6MPa
	受力非几何信息	承载能力极限状态受力	根据第一体系计算取节段最值: 1. 最大弯曲正应力; 2. 最小弯曲正应力; 3. mises 应力	根据第一体系计算取节段最值: 1. 最大弯曲正应力; 2. 最小弯曲正应力; 3. 最大剪应力; 4. 最小剪应力; 5. mises 应力
		疲劳受力	根据疲劳荷载Ⅰ计算取节段最值: 1. 最大正应力; 2. 最小正应力; 3. 正应力幅	
	计量非几何信息		1. 板件尺寸:长×宽×厚; 2. 板件重量:通过长×宽×厚×密度计算得到; 3. 防腐类型:桥面防腐+内防腐; 4. 防腐面积:通过长度×宽度计算得到	1. 板件尺寸:长度×(摊平)宽度×厚度; 2. 板件重量:通过长度×(摊平)宽度×厚度×密度计算得到; 3. 防腐类型:内防腐; 4. 防腐面积:通过长度×(摊平)宽度×2计算得到

续表

	项目要素	底板信息内容	底板加劲肋信息内容
非几何信息	制造施工拓展非几何信息	主要为钢结构制造和现场拼接焊接的相关信息： 1. 焊缝名称：底板横向对接焊缝； 2. 焊缝质量等级：Ⅰ级； 3. 探伤方法：超声波探伤（UT）； 4. 检验等级：B（单翼，双侧）； 5. 探伤比例：100%； 6. 探伤部位：焊缝全长	主要为钢结构制造和现场拼接焊接的相关信息： 1. 焊缝名称：底板加劲横向对接焊缝； 2. 焊缝质量等级：Ⅰ级； 3. 探伤方法：超声波探伤（UT）； 4. 检验等级：B（单翼，双侧）； 5. 探伤比例：100%； 6. 探伤部位：焊缝全长

注：底板正应力疲劳类型，在受力最不利的跨中位置处，设计时一般不把节段划分放在此处，所以此阶段疲劳类型按照横向对接焊缝⑪取，在其他地方偏不利考虑疲劳类型按照正交异性桥面板闭口加劲肋⑤取。

（3）横隔板系统 BIM 构件模型信息，见表 4-12。

横隔板系统 BIM 构件模型信息　　　　　　表 4-12

	项目要素	横隔板信息内容	横隔板加劲肋信息内容
几何信息	一般几何信息	1. 长度； 2. 宽度； 3. 厚度	人洞加劲肋： 1. 高度； 2. 宽度； 3. 倒角半径 其他加劲肋： 1. 长度； 2. 宽度； 3. 厚度
	定位几何信息		人洞加劲肋板： 1. 距离底板的距离； 2. 偏移箱室中心的距离； 其他加劲肋： 1. 距离顶板的竖向距离； 2. 距离底板的竖向距离； 3. 距离腹板的垂直距离
非几何信息	一般非几何信息	1. 材料类型（钢材）； 2. 材料型号（如"Q345qC"）	1. 材料类型（钢材）； 2. 材料型号（如"Q346qC"）
	材料拓展非几何信息 — 物理性能指标	1. 弹性模量（2.06×10^5 MPa）； 2. 剪切模量（0.79×10^5 MPa）； 3. 线膨胀系数（12×10^{-6}/℃）； 4. 泊松比（0.31）； 5. 密度（7850kg/m³）	1. 弹性模量（2.06×10^5 MPa）； 2. 剪切模量（0.79×10^5 MPa）； 3. 线膨胀系数（12×10^{-6}/℃）； 4. 泊松比（0.31）； 5. 密度（7850kg/m³）
	材料拓展非几何信息 — 设计强度指标	根据材料型号查《公路钢结构桥梁设计规范》JTG D64—2015 表3.2.1取值： 1. 抗拉、抗压和抗弯强度设计值； 2. 抗剪强度设计值； 3. 端面承压（刨平顶紧）强度设计值	

续表

项目要素		横隔板信息内容	横隔板加劲肋信息内容
几何信息	材料拓展非几何信息 / 疲劳强度指标	1. 正应力疲劳类型:承载焊接接头③; 2. 正应力疲劳细节类别 $\Delta\sigma_C$:35MPa; 3. 正应力常幅疲劳极限 $\Delta\sigma_D$:25.8MPa; 4. 剪应力疲劳类型:承载焊接接头⑧; 5. 剪应力疲劳细节类别 $\Delta\sigma_C$:80MPa; 6. 剪应力幅疲劳截止限 $\Delta\tau_L$:36.6MPa	
	受力非几何信息 / 承载能力极限状态受力	根据横隔板计算取节段最值: 1. 最大弯曲正应力; 2. 最小弯曲正应力; 3. 最大剪应力; 4. 最小剪应力; 5. mises 应力	
	受力非几何信息 / 疲劳受力	疲劳荷载Ⅰ验算不通过的情况下,根据疲劳荷载Ⅱ计算取节段最值: 1. 最大正应力; 2. 最小正应力; 3. 正应力幅; 4. 最大剪应力; 5. 最小剪应力; 6. 剪应力幅	
	计量非几何信息	1. 板件尺寸:长×宽×厚; 2. 板件重量:通过长×宽×厚×密度计算得到; 3. 防腐类型:内外防腐(端封横隔板)或内防腐(其他横隔板); 4. 防腐面积:通过长度×宽度×2计算得到	1. 板件尺寸:长度×(摊平)宽度×厚度; 2. 板件重量:通过长度×(摊平)宽度×厚度×密度计算得到; 3. 防腐类型:内防腐; 4. 防腐面积:通过长度×(摊平)宽度×2计算得到
	制造施工拓展非几何信息	主要为钢结构制造和现场拼接焊接的相关信息: 1. 焊缝名称:横隔板纵向对接焊缝; 2. 焊缝质量等级:Ⅰ级; 3. 探伤方法:超声波探伤(UT); 4. 检验等级:B; 5. 探伤比例:100%; 6. 探伤部位:焊缝全长	主要为钢结构制造和现场拼接焊接的相关信息: 1. 焊缝名称:焊缝尺寸>12mm的角焊缝; 2. 焊缝质量等级:Ⅱ级; 3. 探伤方法:超声波探伤(UT); 4. 检验等级:A; 5. 探伤比例:100%; 6. 探伤部位:焊缝两端各1m

注:横隔板除了自身板件的对接焊接外还存在与顶底腹板的焊接关系,此处制造施工拓展非几何信息仅考虑横隔板纵向对接焊缝信息。

（4）腹板系统 BIM 构件模型信息，见表 4-13。

腹板系统 BIM 构件模型信息　　　　表 4-13

项目要素		腹板信息内容	腹板加劲肋信息内容
几何信息	一般几何信息	1. 长度； 2. 宽度； 3. 厚度	确定加劲肋及过焊孔形状的所有参数（根据软件界面填写）
	定位几何信息	1. 腹板斜率； 2. 主梁高度	1. 加劲肋类型公式； 2. 顶部加劲肋间距公式； 3. 底部加劲肋间距公式
非几何信息	一般非几何信息	1. 材料类型（钢材）； 2. 材料型号（如"Q345qC"）	1. 材料类型（钢材）； 2. 材料型号（如"Q346qC"）
	材料拓展非几何信息 — 物理性能指标	1. 弹性模量（2.06×10^5MPa）； 2. 剪切模量（0.79×10^5MPa）； 3. 线膨胀系数（$12\times10^{-6}/℃$）； 4. 泊松比（0.31）； 5. 密度（7850kg/m³）	1. 弹性模量（2.06×10^5MPa）； 2. 剪切模量（0.79×10^5MPa）； 3. 线膨胀系数（$12\times10^{-6}/℃$）； 4. 泊松比（0.31）； 5. 密度（7850kg/m³）
	材料拓展非几何信息 — 设计强度指标	根据材料型号查《公路钢结构桥梁设计规范》JTG D64—2015 表 3.2.1 取值： 1. 抗拉、抗压和抗弯强度设计值； 2. 抗剪强度设计值	
	材料拓展非几何信息 — 疲劳强度指标	1. 剪应力疲劳类型：承载焊接接头⑧； 2. 剪应力疲劳细节类别 $\Delta\tau_C$：80MPa； 3. 剪应力幅疲劳截止限 $\Delta\tau_L$：36.6MPa	
	受力非几何信息 — 承载能力极限状态受力	根据第一体系计算取节段最值： 1. 最大剪应力； 2. 最小剪应力； 3. mises 应力	
	受力非几何信息 — 疲劳受力	根据疲劳荷载 I 计算取节段最值： 1. 最大剪应力； 2. 最小剪应力； 3. 剪应力幅	
	计量非几何信息	1. 板件尺寸：长×宽×厚； 2. 板件重量：通过长×宽×厚×密度计算得到； 3. 防腐类型：内外防腐（边腹板）或内防腐（中腹板）； 4. 防腐面积：通过长度×宽度（边腹板）或长度×宽度×2（中腹板）计算得到	1. 板件尺寸：长度×宽度×厚度； 2. 板件重量：通过长度×宽度×厚度×密度计算得到； 3. 防腐类型：内防腐； 4. 防腐面积：通过长度×宽度×2 计算得到

续表

项目要素		腹板信息内容	腹板加劲肋信息内容
非几何信息	制造施工拓展非几何信息	主要为钢结构制造和现场拼接焊接的相关信息： 1. 焊缝名称：腹板横向对接焊缝； 2. 焊缝质量等级：Ⅰ级； 3. 探伤方法：超声波探伤（UT）； 4. 检验等级：B（单翼，双侧）； 5. 探伤比例：100%； 6. 探伤部位：焊缝全长	主要为钢结构制造和现场拼接焊接的相关信息： 1. 焊缝名称：腹板加劲肋横向对接焊缝； 2. 焊缝质量等级：Ⅰ级； 3. 探伤方法：超声波探伤（UT）； 4. 检验等级：B（单翼，双侧）； 5. 探伤比例：100%； 6. 探伤部位：焊缝全长

（5）挑梁系统 BIM 构件模型信息，见表 4-14。

（6）焊缝信息

为了保证钢桥良好的连接特性，保证结构的安全性和耐久性，在钢结构设计时，需要为钢结构制造、现场拼接提供焊接设计信息，并在焊缝三维模型中集成表达。焊缝的设计信息主要包括：

1）焊缝类型：包含角焊缝、熔透焊缝、部分熔透焊缝等类型。

2）焊缝尺寸：设计中需明确角焊缝的焊脚尺寸及熔透焊缝的熔透率，详细细节尺寸如坡口类型、尺寸等由制造加工单位根据详细的施工工艺评定后再行确定。其他信息具体内容根据表 1-11 填写。

3）焊缝名称。

4）焊缝质量等级。

5）探伤方法。

6）检验等级。

7）探伤比例。

8）探伤部位。

4.3.2 钢桥加工制造阶段信息

（1）钢主梁整体信息

1）钢箱梁制作工艺：底板系统→（隔板＋中腹板系统）→边腹板系统→顶板系统→挑梁系统。

2）钢箱梁工厂拼装：典型构件在批量生产前，进行试拼装，钢箱梁已进行全桥预拼装后，进行连续匹配试拼装，且不少于 3 个阶段。

3）运输方式：陆运、水运、陆运＋水运。

（2）构件模型信息

挑梁系统BIM构件模型信息

表4-14

项目要素			翼缘板信息内容	翼缘板纵向加劲肋信息内容	翼缘板横向加劲肋信息内容	侧封板
几何信息	一般几何信息		1. 长度； 2. 宽度； 3. 厚度			
	定位几何信息		悬臂长度		1. 悬臂端高； 2. 悬臂根高	内偏长度
非几何信息	一般非几何信息		1. 材料类型（钢材）； 2. 材料型号（如"Q345qC"）	1. 加劲肋类型公式； 2. 加劲肋间距公式		
	材料拓展非几何信息	物理性能指标	1. 弹性模量（2.06×10^5 MPa）； 2. 剪切模量（0.79×10^5 MPa）； 3. 线膨胀系数（12×10^{-6}/℃）； 4. 泊松比（0.31）； 5. 密度（7850kg/m³）			
		设计强度指标	根据材料型号查《公路钢结构桥梁设计规范》JTG D64—2015 表3.2.1 取值： 1. 抗拉、抗压和抗弯强度设计值； 2. 抗剪强度设计值			
		疲劳强度指标	1. 正应力疲劳类型：基材构件和机械紧固接头⑤或横向对接焊缝①； 2. 正应力疲劳细节类别 $\Delta\sigma_C$：125MPa 或 80MPa； 3. 正应力常幅疲劳极限 $\Delta\sigma_D$ 92.1MPa 或 58.9MPa			

续表

项目要素		翼缘板信息内容	翼缘板纵向加劲肋信息内容	翼缘板横向加劲肋信息内容	侧封板
受力几何信息	承载能力极限状态受力	根据第一体系计算（或与第二体系计算叠加）取节段最大值： 1. 最大弯曲正应力； 2. 最小弯曲正应力； 3. mises应力	根据第一体系计算（或与第二体系计算叠加）取节段最大值： 1. 最大弯曲正应力； 2. 最小弯曲正应力； 3. 最大剪应力； 4. 最小剪应力； 5. mises应力	根据挑梁计算取节段最大值： 1. 最大弯曲正应力； 2. 最小弯曲正应力； 3. 最大剪应力； 4. 最小剪应力； 5. mises应力	根据第一体系计算（或与第二体系计算叠加）取节段最大值： 1. 最大弯曲正应力； 2. 最小弯曲正应力； 3. mises应力
	疲劳受力	根据疲劳荷载Ⅰ计算取长节段最大值： 1. 最大正应力； 2. 最小正应力； 3. 正应力幅			
非几何信息	计量非几何信息	1. 板件尺寸：长×宽×厚度； 2. 板件重量：通过长度×宽度×厚度×密度计算得到； 3. 防腐类型：桥面防腐—外防腐； 4. 防腐面积：通过长度×宽度计算得到	1. 板件尺寸：长度×宽度×厚度； 2. 板件重量：通过长度×宽度×厚度×密度计算得到； 3. 防腐类型：外防腐（开口加劲肋）或内外防腐（闭口加劲肋）； 4. 防腐面积：通过长度×（摊平）宽度或长度×（摊平）宽度×2计算得到	1. 板件尺寸：长度×宽度×厚度； 2. 板件重量：通过长度×宽度×厚度×密度计算得到； 3. 防腐类型：外防腐； 4. 防腐面积：通过长度×宽度×2计算得到	
	制造施工拓展非几何信息	主要为钢结构制造和现场拼接焊接的相关信息： 1. 焊缝名称：翼缘板横向接焊缝； 2. 焊缝质量等级：Ⅰ级； 3. 探伤方法：超声波探伤（UT）； 4. 检验等级：B（单翼，双侧）； 5. 探伤比例：100%； 6. 探伤部位：焊缝全长	主要为钢结构制造和现场拼接焊接的相关信息： 1. 焊缝名称：横向对接焊缝； 2. 焊缝质量等级：Ⅰ级； 3. 探伤方法：超声波探伤（UT）； 4. 检验等级：B（单翼，双侧）； 5. 探伤比例：100%； 6. 探伤部位：焊缝全长	主要为钢结构制造和现场拼接焊接的相关信息： 1. 焊缝名称：横隔板与腹板T形接头； 2. 焊缝质量等级：Ⅰ级； 3. 探伤方法：超声波探伤（UT）； 4. 检验等级：B； 5. 探伤比例：100%； 6. 探伤部位：焊缝全长	主要为钢结构制造和现场拼接焊接焊缝： 1. 焊缝名称：横向对接焊缝； 2. 焊缝质量等级：Ⅰ级； 3. 探伤方法：超声波探伤（UT）； 4. 检验等级：B（单翼，双侧）； 5. 探伤比例：100%； 6. 探伤部位：焊缝全长

1) 施工图工艺性审查信息

根据相关加工制造规范，从板件级别，为钢结构制造厂提供施工可操作性、制造线形要素、焊接接头形式、防腐体系等方面的工艺性审查信息。

施工可操作性包括：焊接（人员及设备）可操作性、无损检测和尺寸测量的可操作性、构件的尺寸运输条件。可填写"满足"或"不满足"。其中制造线形要素指：依据计算机放样检验结构制造线形参数数据是否准确。可填写"准确"或"需修正"。

焊接结构形式是指明确焊接性较差钢材的工艺保证措施或建议；明确设计焊接接头形式、焊接方法、焊接材料和质量要求的合理性；构件焊接产生焊接变形的可控性。可填写"合理"或"不合理"。防腐体系是指明确防腐涂装体系及工艺的应用范围、不同涂层间的兼容性、涂料技术指标的合理性，是否满足项目要求和国家环保标准要求。可填写"满足"或"不满足"。

2) 工艺方案信息

依据设计图纸及规范要求，明确板件切割、焊接、涂装等重要加工工艺方法、质量评定原则要求等。

切割工艺：空气等离子切割机切割（适用于异形板件）、火焰数控切割机切割（适用于异形板件、一般型材）、多头切割机床切割（适用于矩形板件）、专用锯切机床切割（适用于规格较大的型材）。

坡口加工工艺：坡口形式、坡口尺寸、坡口加工设备，铣削加工（钢箱梁一般平板焊接坡口）；专用数控铣床加工，数控折弯机压制成型（冷弯U肋焊接坡口）。

焊接工艺：包括焊接类型、焊接方法、焊条型号以及焊缝名称、焊缝质量等级、探伤方法、检验等级、探伤比例、探伤部位等焊缝检验信息，其中焊缝检验信息由设计阶段模型继承而来，无需再次输入。

涂装工艺：涂装类型（由设计阶段模型继承而来）、涂层体系工艺参数（涂层材料、膜厚、附着力、涂层间隔时间）。

(3) 焊缝信息

焊缝信息见表4-15。

接头形式：根据焊体钢材的连接方式可分为对接接头、搭接接头、T形接头、角接接头。

衬垫类型：常用的焊接衬垫类型有钢衬垫、陶瓷衬垫、其他衬垫类型。但不采用衬垫时，填写"无"。

焊接姿态：根据焊缝施焊时的姿态，分为俯焊（平焊）、横焊、立焊和仰焊等。俯焊施焊方便，焊缝质量最容易保证。仰焊施工操作不便，焊缝质量最不易保证，应尽量避免。

母材名称：根据结构构件划分表进行表达，如"顶板—顶板加劲肋"。

焊缝信息 表 4-15

焊缝信息	焊缝设计信息		1. 焊缝编号； 2. 焊缝类型； 3. 接头形式； 4. 焊缝长度； 5. 焊脚尺寸
	焊缝加工信息	焊接方法	1. 焊接方法； 2. 焊条型号； 3. 衬垫类型； 4. 焊接姿态
		母材信息	1. 母材名称； 2. 母材厚度
		坡口信息	1. 坡口编号； 2. 坡口形式； 3. 坡口角度； 4. 坡口深度； 5. 根部间隙
		焊脚信息	1. 焊脚类型； 2. 焊脚尺寸
	焊缝检测信息		1. 焊缝质量等级； 2. 探伤方法； 3. 检验等级； 4. 探伤比例； 5. 探伤部位

坡口编号及类型：按表 4-16 填写。

坡口编号及类型 表 4-16

坡口编号	坡口类型
①	I 型坡口
②	V 型坡口
③	单边 V 型坡口
④	X 型坡口
⑤	K 型坡口
⑥	U 型坡口
⑦	单边 U 型坡口

焊脚类型：根据角焊缝两侧焊脚尺寸大小，分为等边角焊缝、不等边角焊缝。

4.3.3 钢桥架设施工阶段信息

（1）整体模型信息：施工方法；施工要点；施工注意事项等。

（2）构件模型信息：现场焊接工艺包括焊接类型、焊接方法、焊条型号以及焊缝名称、焊缝质量等级、探伤方法、检验等级、探伤比例、探伤部位等焊缝检验信息；施工要点；施工注意事项。

4.3.4 钢桥运维养护管理信息

（1）整体模型信息

对于特大型桥梁或重要桥梁工程，为了更好地对桥梁运营阶段的健康状况进行评定、保证结构良好的安全性能和适用性能，对桥梁建立健康监测系统和养护管理系统。桥梁项目整体模型中会进一步集成桥梁所处区域环境的监测信息，如风速、温度、湿度等，同时集成桥梁检测（经常性检测、定期检测、专项检测）总体信息，如检测人员、检测时间、桥梁总体技术状况等级等。

（2）构件模型信息

桥梁结构构件模型中可以集成受力、变形及动力特征参数的监测信息，如应变（应力）、位移、加速度等。为了对钢桥运营阶段的健康状况进行科学规范的评定，构件集成的病害相关信息参考《公路桥梁技术状况评定标准》JTG/T H21—2011中钢梁桥的病害分类，包含涂层劣化、锈蚀、焊缝开裂、铆钉（螺栓）损失、构件裂缝、跨中挠度、构件变形、结构变位8类病害，据此形成桥梁检测病害、病害评定、病害成因、病害发展、病害处置办法五大类信息。其中检测病害信息指经桥梁检测获取的病害说明信息，如位置、尺寸信息等；病害评定信息包含病害类型、类别编号、病害标度、扣分值、定性描述、定量描述等信息；病害成因信息主要是从设计、施工、环境及运营期间其他因素三方面明确病害产生的原因；病害发展信息主要根据病害发展时期（早期、中期、晚期）明确对于结构多外观、承载力、安全等方面的影响；病害处置办法信息指针对具体的桥梁构件病害类型采取的维修手段。

4.3.5 钢桥全生命周期的信息流转过程

目前，BIM技术在钢桥各阶段均有不同程度的应用，由于每个阶段的BIM应用主体和关注点不同，对于桥梁信息的需求也不同，为避免造成无用或冗余信息的流转及缺失有用信息，本节基于钢桥全生命周期各阶段信息分类明确信息的添加及流转要求，具体如表4-17所示。

钢桥全生命周期信息流转表

表 4-17

项目要素				设计阶段	施工阶段		运维阶段
					制造加工阶段	架设施工阶段	
		主要技术标准		添加	继承	继承	继承
		桥梁设计特点		添加	继承	继承	继承
		桥梁项目特点		添加	继承	继承	继承
项目整体信息	几何信息	路线信息	1. 平曲线要素； 2. 竖曲线要素	添加			继承
		断面信息	1. 桥宽； 2. 梁高； 3. 设计中心线位置； 4. 顶桥横坡类型及坡度	添加	继承	继承	继承
		跨径信息	1. 跨数； 2. 联长； 3. 梁端预留缝宽度	添加		继承	继承
		支座信息	1. 类型； 2. 个数； 3. 位置尺寸	添加	继承	继承	继承
主梁整体信息	非几何信息	一般非几何信息	1. 材料类型； 2. 材料型号	添加	继承	继承	继承
		材料拓展非几何信息	物理性能指标	1. 弹性模量； 2. 剪切模量； 3. 线膨胀系数； 4. 泊松比； 5. 密度	添加			
			设计强度指标	1. 抗拉、抗压和抗弯强度设计值； 2. 抗剪强度设计值； 3. 端面承压（刨平顶紧）强度设计值	添加			

续表

	项目要素		设计阶段	施工阶段		运维阶段
				制造加工阶段	架设施工阶段	
主梁整体信息	非几何信息	材料拓展非几何信息				
		疲劳强度指标	1. 正应力疲劳类型； 2. 正应力疲劳细节类别； 3. 正应力常幅疲劳极限； 4. 剪应力疲劳类型； 5. 剪应力疲劳细节类别 $\Delta\tau_C$； 6. 剪应力幅疲劳截止限 $\Delta\tau_L$	添加			
	受力非几何信息	承载能力极限状态受力	1. 最大弯曲正应力； 2. 最小弯曲正应力； 3. 最大剪应力； 4. 最小剪应力； 5. mises应力	添加	继承	继承	继承
		疲劳受力	1. 最大正应力； 2. 最小正应力； 3. 正应力幅； 4. 最大剪应力； 5. 最小剪应力； 6. 剪应力幅	添加	继承	继承	继承
		刚度分析	1. 规范挠跨比限值； 2. 最大挠度； 3. 最大竖向挠度； 4. 最大竖向挠度	添加			
		计算验算结果	1. 强度验算：满足规范或不满足规范； 2. 疲劳验算：满足规范或不满足规范； 3. 刚度验算：满足规范或不满足规范； 4. 稳定验算：满足规范或不满足规范	添加	继承	继承	继承

续表

	项目要素		设计阶段	施工阶段		运维阶段
				制造加工阶段	架设施工阶段	
主梁整体信息	非几何信息	计量非几何信息	1. 钢梁总重量； 2. 每平方米用钢量指标； 3. 总防腐面积（内防腐、外防腐、桥面防腐）	添加	继承	继承	继承
	几何信息	一般几何信息	确定构件形状的尺寸参数： 1. 长度； 2. 宽度； 3. 厚度； 4. 半径……	添加	继承	继承	继承
		定位几何信息	确定构件位置的定位参数： 1. 距离某基准线的水平距离； 2. 距离某基准线的竖直距离； 3. 距离某基准线的垂直距离……	添加	继承	继承	继承
构件详细信息	非几何信息	一般非几何信息	1. 材料类型； 2. 材料型号	添加	继承	继承	继承
		材料拓展非几何信息 物理性能指标	1. 弹性模量； 2. 剪切模量； 3. 线膨胀系数； 4. 泊松比； 5. 密度	添加			
		设计强度指标	1. 抗拉、抗压和抗弯强度设计值； 2. 抗剪强度设计值； 3. 端面承压（刨平顶紧）强度设计值	添加			
		疲劳强度指标	1. 正应力疲劳细节类型； 2. 正应力常幅疲劳类别 $\Delta\sigma_C$； 3. 正应力常幅疲劳极限 $\Delta\sigma_D$； 4. 剪应力疲劳细节类型； 5. 剪应力常幅疲劳类别 $\Delta\tau_C$； 6. 剪应力幅疲劳截止限 $\Delta\tau_L$	添加			

续表

项目要素				设计阶段	施工阶段		运维阶段
					制造加工阶段	架设施工阶段	
主梁整体信息	非几何信息	受力非几何信息	承载能力极限状态受力	1. 最大弯曲正应力； 2. 最小弯曲正应力； 3. 最大剪应力； 4. 最小剪应力； 5. mises 应力	添加	继承	继承	继承
			疲劳受力	1. 最大正应力； 2. 最小正应力； 3. 正应力幅； 4. 最大剪应力； 5. 最小剪应力； 6. 剪应力幅	添加	继承	继承	继承
		计量非几何信息		1. 板件下料尺寸； 2. 板件重量； 3. 防腐类型； 4. 防腐面积	添加	继承	继承	继承
		制造施工拓展非几何信息		1. 焊缝名称； 2. 焊缝质量等级； 3. 探伤方法； 4. 检验比例； 5. 探伤比例； 6. 探伤部位	添加	继承	继承	继承

续表

	项目要素	设计阶段	施工阶段		运维阶段
			制造加工阶段	架设施工阶段	
主梁整体信息	钢箱梁制作工艺		添加	继承	继承
	钢箱梁工厂拼装		添加	继承	继承
	运输方式	添加	继承	继承	继承
构件详细信息	施工图工艺性审查信息 1. 施工可操作性； 2. 制造线形要素； 3. 焊接结构形式； 4. 防腐体系		添加	继承	继承
	工艺方案信息 1. 切割工艺； 2. 坡口加工工艺； 3. 焊接工艺； 4. 涂装工艺	添加 添加 添加	继承 继承 继承	继承 继承 继承	继承
	工厂加工方法		继承	继承	
	工厂加工要点		继承	继承	
主梁整体信息	现场焊接工艺 1. 焊缝名称； 2. 焊缝质量等级； 3. 探伤方法； 4. 检验等级； 5. 探伤比例； 6. 探伤部位	添加	继承	继承	继承
构件详细信息	现场施工要点	添加	继承	继承	
	现场施工注意事项	添加	继承	继承	
病害信息	1. 检测病害； 2. 病害评定； 3. 病害成因； 4. 病害发展； 5. 病害维修办法				添加

注：表中部分信息类别包含子项，具体参考各阶段详细信息说明。